日本語の多義動詞

理想の国語辞典 II

国広哲弥

大修館書店

はしがき

本書は神奈川大学外国語学部関係の紀要類に「日本語動詞の多義体系」と題して発表してきた九編および『レキシコンフォーラム』（二〇〇五年刊第一号、ひつじ書房）にその第十編として執筆した「日本語多義動詞の構造」をまとめて一本とし、それに「序説」として多義語論を加えたものである。

この分析は語義記述よりも多義のあり方に主眼をおいたものであるので、語義記述の部分は既成の国語辞典に頼ることにした。途中までは『三省堂国語辞典』によったが、それはこの辞書の記述が比較的に的確で簡潔であったためである。二〇〇二年に『明鏡国語辞典』が出版されてからは、基礎資料をこの辞書に仰ぐことにした。語義の分析に筆者などが以前から採用している意味格が考慮に入れられている点で好都合であると考えたからである。

この多義分析の第一編を発表したのは一九九九年であり、最後の第十編は二〇〇五年であって、その間六年が経過している。その途中で分析記述のスタイルは多少のゆらぎを示している。筆者の不敏のせいもあるが、対象とした動詞の意味的性質によって分析法が影響を受けている面もある。

多義語の分析記述は筆者の意味研究の生涯での大きな問題であったし、また国語辞典の問題でもあった。本書が国語辞典改善の一助ともなれば、これに過ぎる喜びはない。

二〇〇五年十二月

国広　哲弥

目次

序説

意義素研究から多義語研究へ

現在、言語学の世界では認知言語学の興隆とともに多義性の研究に注意が集まるようになっている。George Lakoff の *Women, Fire, and Dangerous Things*（1987）や John R. Taylor の *Linguistic Categorization. Prototypes in Linguistic Theory*（1989）の中で多義性が詳しく論じられているばかりでなく、多義性を中心テーマとした論文集として Hubert Cuyckens & Britta Zawada 編 *Polysemy in Cognitive Linguistics*（2001）および Brigitte Nerlich らの編集した *Polysemy. Flexible Patterns of Meaning in Mind and Language*（2003）がある。また、Andrea Tyler & Vyvyan Evans の *The Semantics of English Prepositions*（2003）は多義性についての詳細な理論的考察および英語前置詞の多義の詳しい分析を行なっている。

筆者の多義研究はこのような海外の趨勢《すうせい》とは別に以前から進めてきたものである。国広哲弥『意味論の方法』（一九八二年）では「第三章　多義と同音異義」で五〇ページにわたって従来の考え方をまとめており、国広哲弥「語義研究の問題点—多義語を中心として—」（一九八六年）はさらに考察を進めたものである。筆者の多義研究の転換点となった現象素という概念は国広哲弥「認知的多義論—現象素の提唱—」（一九九四年）で提出した。国広哲弥『理想の国語辞典』（一九九七年）では「第二部　多義語」でさらに論を進めている。

筆者が意味研究の主力を多義研究に注ぐようになったいきさつを説明するには、筆者の意味論研究史を振り返る必要がある。筆者が意味論の研究に興味を抱いたのは学生時代に読んだ服部四郎の「意味に関する一考察」（服部四郎『言語学の方法』所収）がきっかけであった。当時さかんであった音韻分析の手法を語の意味に適用し、語義の中核をとらえようとする考え方が魅力的であった。服部四郎はこの中核的語義を文の「意味」と区別するために語の「意義素」と名付けた。「意味に関する一考察」で示された意義素分析の具体例は蒙古語ハルハ方言の動詞活用形の一部であった。今から考えると、これは機能語であり、意義素分析はこのような機能語の場合にはきわめて効果的であった。表面的には多義に見える語義が単一の意義素にまとめられるのは確かに目覚ましいことであった。筆者が初期に取り上げたのも日本語の助詞や助動詞のような機能語であった（国広哲弥『構造的意味論』参照）。当時分析した助詞「に」や「が」の意義素は今でも有効であると考えている。しかし一般の動詞や名詞などに分析を進めようとすると、分析がうまく行かないことにも気付かされた。世間でも多義的な語の場合は意義素的な考え方はうまく行かないのではないかという批判があった。例えば「先」は未来と過去の両方を指すが、この両方の基となる単一の意義素は考えにくい。〈獲得する〉と〈除去する〉というほとんど反義的な意味を持つ「取る」の場合も同様である。そこで気付いたのは、意義素分析が有効なのは、外界との関連を持たない機能語の場合であり、外界に知覚の対象となる具体物がある語の場合はまったく異なる分析法を用いる必要があるということであった。この具体物は従来の意味論で言われてきた指示物（referent）とは捉え方が異なっているので、区別のために意義素にならって「現象素」と呼ぶことにしている。指示物が言語によって指し示される物であるのに対して、現象素は言語以前の存在物であり、それを人間の立場からどのように認知するかによって異なった意味が脳中に生じると考えるのである。先に示した「取る」という動詞の場合、〈獲得する〉も〈除去する〉も手の動作は同じであるが、手がとらえる物がその動作主にとって価値ある物と考えているならば〈獲得する〉が生じ、無価値な物と考えているならば〈除去する〉という意味が生じるのである。手の動作が同じである点を捉えて同じ「取る」が用いられているのだと説明される。このような場合、表面的な意味は反義に近くても、現象素が同一なので、両義は同一の語に属する多義であると考えるわけである。

多義語の定義

従来多義語の定義は同音異義語との区別の観点からなされてきた。つまり同一の音形と結びついた複数個の意味のあいだに「意味的な関連性」があれば多義語、なければ同音異義語というわけである。この意味的関連性の中味についての考察はあまりなされて来なかったようである。筆者は後述のように国広哲弥『意味論の方法』でその中味を数え上げているが、その当時は現象素を立てる必要性のあることには気付いていなかった。のちに国広哲弥『理想の国語辞典』では次のように定義している。

［複数の］意味が意味的に関連を持っているか、あるいは同一の現象素に基づいているると見られる場合には、全体で一つの多義語を構成する。（一七五―一七六ページ）

ここでは現象素を新しく導入しているが、意味的関連性については特に反省は加えていなかった。今回意味的に関連する具体例を詳しく見直してみて、実はそのほとんどは現象素の同一性によっていることに気付いた。多義の多くは比喩やメトニミー、あるいは心的焦点の移動などによるものであるが、それはすべて同一の現象素に基づいているのである。純粋に意味的関連性があると言えるのは、機能語のように外界に現象素を持たない場合であって、むしろ少数派である。伝統的に言われてきた意味的関連性を「同一の現象素に基づく」と読み替えればいいと言えるかというと、これには純粋な意味的関連性のみの場合が含まれないので具合が悪い。そこで定義としては、

「同一の現象素に基づいているか、同一の抽象概念に基づいている場合に多義を構成する」

と修正しなければならない。新定義によれば、先に触れた「先」と「取る」の例は「あたま」、「あし」などの多義語と同列に扱われることになる。同一の抽象概念に基づく例としては例えばアスペクト辞「ている」が完了と未完了の両義を表す場合がある。また「ために」が〈原因と結果〉および〈目標と行動〉を結ぶ場合があるのもこの例である。英語の例では、'so that' に続

く節が〈目的〉と〈結果〉を表す場合がある。

文脈的変容と多義

意義素分析の魅力は、表面的には多義に見えた意味現象が、文脈からの影響を取り除いて行くと単義にまとめられるというところにあった。この場合の文脈的多義を文脈的変容という。例えば助詞「に」は表面的にはきわめて多義である。その一部は次のようである。

物理的現象

（1）矢を的に当てた。（物の移動と接触の対象）

（2）封筒に切手を貼った。（接触の対象）

（3）机の上に本がある。（存在の場所）

（4）信号が青に変わった。（変化の結果）

（5）これに比べるとそっちの方が長い。（比較の対象）

（6）三時に会いましょう。（時間的比喩。接触）

心理的現象

(7) 私はこの辺の地理に暗い。(心理の対象範囲)
(8) あの先生は学生に厳しい。(心的態度の対象)

動きの様態

(9) 庭を丁寧に掃いた。(動作の様態)
(10) 展望車がゆるやかに回っている。(動きの様態)

このような用法は、「に」の意義素として《接触の対象を示す》を設定し、それに心的焦点の置き方の違いを加え、文脈の意味的影響を考慮に入れることによって、その文脈的変容のさまを説明することができると考えられる。例えば(3)が〈存在の場所〉を意味するのは、「机の上」が場所であり、「ある」が存在動詞であるためである。この場合、意義素に含まれる〈対象への移動〉の部分は心的焦点からはずれて背景化している。「机の上」は「本」の《接触の対象》ということである。

ここで多義と区別される文脈的変容についてもう少し説明を続けることにする。文脈的変容はさらに場面的変容と言語的変容に分けられる。場面的変容とは、例えば、「赤い」という色彩形容詞がその適用される具体物ごとに無限の色合いの違いを示すことをいう。「赤い夕日」、「(東洋人の)赤い髪の毛」、「(東洋人の)赤い顔」、「赤味噌」、「赤飯」、「赤ワイン」などの色を見ると、血の色から、茶色、紫がかった鈍い茶色などとさまざまである。[1] この意味解釈を支えているのはわれわれの具体物の色についての知識である。これらの具体物をまったく見たことのない人にはこの場面的変容は生じない。それではこの場面的変容を取り除いたあとに残る「赤い」そのものの言語的意味は何であろうか。知覚テストをしてみると分かるように、「赤い」の典型的な色は血や夕日の色である。しかし東洋人の赤い顔や赤味噌の色はその典型を大きくはずれる。顔色のほかの色彩表現を見てみると、「青い顔・黒い顔・白い顔」しかない。髪の毛はほかに「黒い髪・白い髪」だけであり、味噌はほかに「白味噌」があるだけである。蛙は「赤蛙」のほかには「青蛙」だけである。ワインも「赤」と「白」だけである（「ロゼー」は外来語）。このように見てくると、日本語の色名はまず基本として「赤・青・黒・白」の四語からなる体系を持っていることになる。つまり「赤い」は「青い・黒い・白い」ではない「赤」に類する色ということになる。それが場面的に具体化されるということである。

もう一つの言語的変容の好例としては英語の'just'という副詞がある。ギブスら（二〇〇一年）は'just'の代表的な用法として、次の六つの文を取り上げた。

（11）I love cookies, *just* as you love cake. 〈正確に〉
（12）*Just* where do you think you're going? 〈際立たせ〉
（13）It happened *just* before midnight. 〈時間的限定〉

（14）It was *just* impossible.〈属性の限定。強調〉
（15）It's *just* a cold.〈卑小化〉
（16）I *just* noticed it at noon.〈時間的限定〉

この'just'の機能についてD・A・リー（一九九一年）はすべて〈限定〉（restriction）を表すと結論しているという（ギブスら、二〇〇一年）。ギブスらはリーの結論をそのままでは認めず、右の文脈的意味は'just'が修飾する特定の品詞の違いに由来するというが、それは結局はリーの意義素を認めていることを意味する。もっと言うならば、ギブスらは文脈の分析を品詞のレベルでとめているが、これはもう一歩進めて、語義のレベルまで行くべきものである。

つまり、右の用例（11）についてギブスらは、'just'は〈比較〉を意味し、その意味は次に前置詞あるいは接続詞が来るときに生じるのだと言っているが、実際は〈比較〉の意味は'as'にあるのであり、'just'はその意味に強い限定を加える働きをしているに過ぎない。つまり'just as'は〈正に…と同じように〉ということである。用例（12）についてギブスらは'just'は疑問詞の指示物を強調しているのだというが、実際は話者の関心の範囲を疑問文だけに限定していることを示し、疑問文そのものを強調しているのである。用例（13）では真夜中の前の時間帯を〈狭く限定〉しているので、〈真夜中の直前〉を指すことになる。用例（14）の'just impossible'〈まったく不可能〉では〈ある事柄のあり方を表現する形容詞はいろいろあり得るが、この場合は

'impossible' しかない〉ということによって、〈不可能である〉ということを強調するという変容を生じている。用例（15）は〈単なる風邪です〉という意味で、〈重病ではない〉という含みを持つものである。「病気の範囲を狭く限定した結果風邪が残った」ということであり、風邪は常識的に軽い病気と考えられているから、限定以前の病気にはいろいろの重病が含まれていることになり、それとの相関関係から 'just' が文脈的に〈卑小化〉(merely) を意味することになる。ここではあくまでも「風邪」が軽い病気であるという常識がかなめなのであり、個別的な名詞の意味が深く関与しているのである。ギブスらが言うように、次に名詞・代名詞・動詞が来るときに〈卑小化〉の意味が生じるのではない。

用例（16）の 'just' は動詞の前に用いられているが、意味的には 'at noon' を修飾しており、用例（13）と同じ用法である。両方共に時点を真夜中あるいは真昼の直前に〈狭く限定〉している。このように見てくると、'just' に《狭く限定する》という意義素を認めることが諸用法の説明にきわめて有効であることが明らかになると思われる。

ここで一つ考えなければならないことは、文脈的変容義の独立義化という問題である。タイラーとエヴァンスの『英語前置詞の意味論』の中でさかんに援用されている考え方に「語用論的強化」(pragmatic strengthening) というものがある。これは元はトローゴット (Traugott) が言い出したものであるが、ある文脈的変容義が繰り返されるうちに独立の語義として確立するということを指す。この現象が単に使用頻度だけに基づいて発生するものなのか、あるいはほかの条件もからんでいるのかは今後の課題である。いずれにせよ、文脈的変容義と独立義は連続していると考えられるので、その区別はつねに微妙な問題である。

多義の成立

ふつう言語記号はその音形が異なることによって異なった意味を伝える。ところが多義語の場合は同じ音形で異なった意味を伝える。「川」と「革」のように現象素を共有しない同音異義語の場合も同様である。そういう一見不思議なことが成立し、存在し続けているのはなぜであろうか。それはひとえに場面と人間の持つ世界知識の働きによる。ついでながら、スイスの言語学者ソシュールは、言語の意味は言語記号同士の対立によってはじめて生じると説いたが、多義と同音異義の現象はそういう考え方を否定する。この現象は場面を持ち込まない限り成立しないが、そのことは記号対立的言語観の崩壊を意味する。自動車の警笛がたった一つの同じ音で、場面が異なればいろいろの異なった意味を伝えうるのは、われわれが日常に経験しているところである。

同音異義語の場合は場面の支えだけを頼りにして成立しているが、多義語の場合はもう一つ成立条件がある。多義的派生義は既存の語義にあとで触れるようなさまざまな心理的操作を加えた結果として生じるものであるが、既存の語義からの距離は聞き手が同じような心理的操作によって理解しうる範囲内に留めるべきである、ということである。むかしテレビのコマーシャルの中に「煙草する？」というのがあった。これがどういうことを意味するのか、ちょっと考えただけでは不明であった。この「煙草」を直接に動詞化する新用法は聞き手の支持を得られなくて、じきに消えてしまった。

多義派生の型

多義派生の型については国広『意味論の方法』の第三章で十一種類を挙げ、国広『理想の国語辞典』でさらに「時空比喩・時空間推義・プラス値派生」を加えている。すでに多義の定義のところで述べたように、この大部分は語義が背後に含む現象素に戻って、その現象素を違った角度から捉えなおすことによって多義を派生させていることが分かった。以下では、その観点から多義派生の型を見直して行くことにする。

一 心的視点の位置

「先」が〈未来〉と〈過去〉を表すのがこの例である。「先」は時間の流れに沿って未来に向かって飛ぶ矢のようなものを現象素としており、その先端部分を指す。「先」が〈未来〉を意味する場合は、視点はその矢に乗っていて、矢と一緒に飛んでいる。そして「先」が指す先端の前の空間は時間的にはつねに未来に属する。「先」が〈過去〉を意味する場合は、視点は矢から降りて眼前を片方から他方に向かって飛んでゆく矢を客観的に眺めている。視点の位置が現在であり、視点の前を矢の先が通過した途端に「先」は過去の時間領域にはいってしまう。かくて「先」は〈過去〉を意味するようになる。

英語の‘corner’は〈かど〉と〈すみ〉の両方を意味する。両義は前置詞で‘in the corner’〈隅〉、‘on [at] the corner’〈かど〉と区別される。言うまでもなく、視点は〈すみ〉では直角構造の内側にあり、〈かど〉では外側にある。

二 アスペクト多義

人間は言語以前に出来事を完了か未完了かどちらかで捉える認知能力を持っていると考えられるが、それを言語の意味の面に反映させたのが、語義のアスペクト多義である。動詞に見られることが多いが、副詞（句）や名詞にも見られる。例えば「帰国中に」という副詞句を未完了アスペクトで捉えるならば〈帰国の途中に〉という意味になり、完了アスペクトで捉えるならば〈帰国して母国に滞在しているあいだに〉という意味になる。名詞の場合は、コト義が未完了に、モノ義が完了に相当する。例えば「彼は料理が上手です」では〈料理すること〉を意味するが、この場合料理は未完了であり、「この料理はおいしい」では〈料理された物〉を指し、料理という動作は完了している。一の視点の位置が空間的なものであるのに対して二は時間に関するものであるという相違も含まれている。(2)

三　焦点化

これは国広『意味論の方法』で「転移」、「部分転用」と呼んでいたものも含めた考え方で、事物の一部分に心的注意を集中する場合をいう。本書では「焦点化」とも「部分焦点化」とも呼んでいる。例えば「この箱は桐でできている」の「桐」は桐の木全体を指しているのではなく、その木材の部分に心的焦点を絞った用法である。辞書で記述する場合には〈桐材〉のように表現すればよいであろう。この場合樹木としての「桐」の姿は背景化してはいるが、完全に消えてはいないのに対して、「突然頭上から声が降ってきた」という場合の「降る」はその基本義の中から〈上の方から落ちてくる〉という部分だけが焦点化されて用いられており、残りの〈多量の雨粒〉、〈広い地域にわたる天然現象〉という要素は完全に消えている。両方の場合をまとめて「焦点化」と呼ぶ。

四　具象化転用

動詞のいわゆる連用形が名詞として用いられる場合、動きを指すことと並んで具体物あるいは人を指す場合が少なくない。これを具象化転用と呼ぶ。例えば「流れる」に由来する「流れ」は「この川は流れが速いので有名です」では動きを指すが、「流れに釣り糸をたれる」では川の水を指す。「握り」はご飯を握って作った寿司を指す。「鋏」は薄い物をはさんで切る道具を指す。「魚売り」は魚を売る人を指す。これらの具象化は、別の見方をすれば焦点移動の例でもある。

川の水を指す「流れ」は流れるという現象を実現している運動主体に焦点を移した場合であり、「握り」は握る動作の対象物に焦点を移したものであり、「鋏」ははさんで切る動作をするときに用いる道具に焦点を移したものである。「魚売り」は魚を売るという動作の主体に焦点を移したものである。逆の具象から抽象への転移もあるが、これは通常比喩的転用の一種として扱われる。

五 比喩的転用

比喩に基づく多義的派生義は最初に触れたように、以前は出発点になる語の意味から意味的に引き出されるのだと漠然と考えていたのであるが、現象素という概念を得た現在では、それはいい加減な考え方であったことが分かっている。例えば山の麓を指すのに「山すそ」と言うことがある。これは着物の「すそ」と位置関係が似ていることに基づくと説明してきたが、これは「すそ」が一部分をなす着物そのものつまり着物の現象素に立ち返ってみて、初めて言えることである。比喩的転用にはこのほかに、形、機能、動き方、性質などに基づくものがあるが、これらの転用はすべて語の現象素に立ち返えらないと捉えられないものである。前項の具象化転用のところですでに述べたように、このような捉え方は焦点化の一種でもある。新しい、あるいは人の意表を衝くような比喩が用いられることがあるが、これは現象素の一部への焦点の合わせ方が、新しいものであったり、独創的であったりするためである。

六　提喩（シネクドキー synecdoche）

提喩と次項で述べる換喩を合わせてメトニミーと言うこともあるが、ここではいちおう区別して扱う。これは事物の一部を指す語で全体を指したり、その逆に全体名でその一部を指す場合をいう。「ご飯」で食事全体を指したり、「兵隊」という元来団体を指した語で一人の兵隊を指すのがその例である。この部分・全体関係も元の現象素に立ち返ってみて初めて了解されるものである。「お茶にしましょう」と言うとき、その前提として人が何か作業をしているわけであるが、その作業を中断しなければお茶はのめないから、〈休憩にしましょう〉という意味が引き出される。その作業がこの場合現象素である。

七　換喩（メトニミー metonymy）

ここでいう換喩は例えば「さかずきを傾ける」で〈酒を飲む〉を意味するように、元の表現の裏にある現象素のレベルで空間的に隣接しているものを指す場合とか、あるいは「手を洗う」で〈排泄行為を行なう〉を意味するように、元の表現の指す行為と時間的に隣接する別の行為を指す表現法をいう。あとの時間的隣接の場合は二つの行為は現象素としても別物であり、単に時間的に続けて生じるものに過ぎない。それにもかかわらず意味の変化が聞き手に理解されるのは、聞き手の現実世界についての知識に基づく推定が働くためである。

八　時空間推義

これは本来時間的単位を表す語であったものが、時間を表しながら同時にその時の空間にも意味の範囲を広げる場合をいう。例えば「ある晴れた日」というとき、「ある日」という時間単位のあいだに見られる空という空間の状況を指している。この場合、時空統一体が現象素ということになる。川端康成『雪国』の冒頭にある「夜の底が白くなった」という表現も時空間推義の例である。夜という時間帯に伴っている目の前の空間の底つまり地面が雪で覆われていたということである。

九　推論的派生義

前項までの派生義はすべて現象素が元にあり、それをどう捉えるかによって生じるものであった。ここでいう推論的派生義は出発点が現象素であることもないこともあるが、現象素の捉え方の違いではなくて、世界知識に基づく推論という過程がはいる点でこれまでの派生とは異なっている。例えば「人を撃った」という場合、〈撃ったけれども当たらなかった〉こともあるだろうし、〈撃ったのなら、相手を傷付けただろう〉と推論することもあるだろう。男が警察に出頭して「人を撃ちました」と言ってピストルを差し出したりすれば、〈撃ち殺したのだな〉と推論するのがふつうである。「撃つ」の場合は、よほど場面の情報がないと、派生義の内容はあいまいである。一方、「寝る」は基本的には〈人が横になる〉という姿勢の変化を指すが、そこから推論される〈眠る〉という意味はかなりはっきりと別義になっている。しかし状況によっては曖昧であり得るので、〈眠る〉の方でないことをはっきりさせたい時は「横になる」とか「寝そべる」などを使う。

推論による派生義は曖昧性を含んでいるので、実例はあまり多くない。今までに気付いたものとしては、次のようなものがある。

（a）プラス値派生義

「熱」を人体の体温に用いて「熱がある」と言えば、〈平熱より高い体温になっている〉という意味である。なぜ単に「熱」と言うだけで平均値より高い温度を指すのかというと、この裏には同義反復〈トートロジー〉という現象に基づく推論が働いているためである。人体には平熱という熱があるのは当たり前のことであるので、そこであえて「熱がある」と言うからには〈普通以上の熱〉という意味に取らない限りこの表現は情報量がゼロということになる。しかし人間は情報量のない発言をわざわざするはずがないという予備知識があるために有意味な〈普通以上の熱〉と解釈することになる。類例として「実力」〈平均以上の実力〉、「人格者」〈立派な人格を持った人〉などがある。

（b）マイナス値派生義

実例は多くないが、興味深い例として医学用語として用いられる「所見」がある。本来の意味は医者が患者を診察したり検査データを見たりして下す判断を指し、それには「異常なし」も

「異常あり」もあり得るはずである。しかし実際には患者の診察は悪いところを見付けるのが目的であるから、「所見がある」と言うからには〈異常がある〉ということになるという推定が裏にある。したがって「異常なし」という代わりに「所見なし」という表現が用いられることになる。かくして「所見」は〈異常〉という意味を派生させる。

「所見なし」というのは医者の診断内容を指すが、これがさらに多義的派生をして、「所見」が〈異常ありと判断される身体部位〉を指すこともある。これはすでに触れたメトニミーの例でもある。

(17) 「はあ、えーと、この頭蓋骨を正面から撮った写真では、ですね」
「うん、どこに所見があるんだ?」
「…ここ、ここですね、ここに骨折線があります」
(浜辺祐一『救急センターからの手紙』)

(18) がんの一部をとって顕微鏡でみて、特徴的な所見をひろいだします。その作業を、多くのがんについておこない、こういう所見があればがんだという基準をつくりました。
(近藤誠『がんは切ればなおるか』)

このような「所見」のマイナス義やメトニミー用法は、まだどの国語辞典でも採録されていない。

マイナス値派生のもう一つの例は「問題」である。「それは問題だ」と言うときは〈無視できない問題〉という意味になる。派生的な用法として、「問題視する」、「問題児」のように用いられる。「感情的になる」も同様に〈理性を失った状態になる、怒る〉という意味を派生させている。

（c）適切値派生

大食をしている人をたしなめて、「いい加減にしなさい。量っていうものがある」と言うことがある。この「量」は中立的な抽象概念を指しているのではなく、〈適切な量〉という意味である。「バカを言うにもほどがある」も同様であり、〈適切な程度〉という意味である。「量」も「ほど」も本来はプラスからマイナスにかけて広い範囲の程度差を示し得る語であるが、その程度差を明示せずに、「量というものがある」などと単に概念の存在を伝える場合は、その場の状況からの推論によって〈適切値〉という解釈が引き出されるものと考えられる。「潮時」も〈何かをするのに適切な時期〉という意味を派生させている。この語は元来〈潮が満ちたり引いたりする時〉を指していたものであるが、そのことを問題にするのは、海で何かをしようとしている時であり、当然適切な時点を捉えようとしていたわけである。「ほど近いところ」という場合の「ほど」も〈適当に〉という意味を示している。

英語にも同様な派生現象が見られる。

(19) "There is a *time scale* to brain development, and the most important year is the first," notes Frank Newman, president of the Education Commission of the States. (*Time*, 1997) (「脳の発達には適切な時間の尺度というものがあり、[言語機能の発達に] もっとも重要なのは生後の一年である」と合衆国の教育委員会会長であるフランク・ニューマンは述べている。)

この文中の'time scale'は文字通りには〈時間の尺度〉という意味であるが、ここでは〈適切な〉という意味が加わっている。そして〈どの脳機能の発達には生後のいつごろがもっとも適切な時期であるかが、決まっている〉と言っているのである。

一〇 意味格多義

ここで取り上げる多義派生は動詞に限られる。動詞の現象素には動作の場所、動作の対象物、ときに動作に必要な道具が伴うが、そのどれに焦点を当てるかによって選ばれる意味格が異なる。意味格が異なれば動詞の表面的な意味が異なって現れる。それを意味格多義と呼ぶ。どの意味格を取るかにかかわらず、動作そのものは変わらない。

例えば「しぼる」は容器格(=場所格の一種)目的語を取って「手拭いをしぼる」と言うと、〈手拭い(容器)に含まれている水分を取り除くために手拭いに手で圧力を加える〉という意味になり、内容格目的語（＝対象格の一種）を取って「牛の乳をしぼる」というと、〈乳房（容器格）に含まれている乳を手に入れるために乳房に手で圧力を加える〉という意味になる。これは焦点が容器に合わされているか内容に合わされているかの違いでもある。「部屋をさがす」のように、同じ「部屋」という目的語が用いられていても、「部屋」が場所格として用いられているか対象格として用いられているかで、表面的には異なった多義的意味を表す。場所格であるならば、〈部屋の中で失くし物を〉という意味になり、対象格であるならば、〈借りたい部屋を〉という意味になる。

右の二例の場合、「しぼる」にせよ「さがす」にせよ、意味格が異なっても動詞の現象素である動作は本質的には同じである。表面的に見える多義は意味格の違いを取り込んだもの、つまり文脈の意味を取り込んだものと言うことができる。その限りにおいては、意味格多義はほかの多義とは区別されなければならない。一般の国語辞典では意味格多義をほかの多義と同列に扱っていることが多いが、何らかの形で区別して示すべきであろう。

「うつ」という動詞の場合、「釘をうつ」といえば対象格を用いているのであり、「槌をうつ」といえば道具格を用いたものである。

性質が少し異なるので後回しにしたが、ここで結果格を付け加えたい。「焼く」という動詞は「魚を焼く」では対象格を取っているが、「パンを焼く」では結果格を取っている。一般に「結果目的語」と呼ばれているものである。もっともトーストを作る場合は対象格で用いられている。

現象素に基づかない場合

一一　時空間転用

時空間転用というのは、第八項で取り上げた時空間推義に似ているが、意味的性質が異なっているので、ここに別扱いする。時空間推義では認知の対象が時間空間の両方にまたがっているが、ここで扱う時空間転用は時間と空間の相互のあいだで比喩的に転用を行なうものである。例えば「あいだ」は基本的には空間を指すが、この語が時間的な「あいだ」を指す場合をいう。「眠っているあいだに疲れが取れる」のように空間はまったく関係がない。同一の現象素に基づくとも言いにくいので、ここで取り上げることとした。なお、空間と時間のあいだで比喩的な転用が行なわれる場合、その方向は「空間から時間へ」であってその逆ではないことが籾山洋介（一九九二）に指摘されている。

一二　拡大義・縮小義の並存

語義の歴史的変化によって語義の指す範囲が拡大したり、縮小したりした場合、元になった語義が消えないで残っていると、両義が多義として現れることになる。例えば「鳥」が〈鳥一般〉を指す意味と〈鶏〉を指す場合を並存させているのが縮小の例であり、「瀬戸物」が元の〈瀬戸市周辺で作られた陶器〉から〈陶磁器一般〉を指すようになったのが拡大の例である。拡大も縮小も裏には現象素を踏まえてはいるが、新旧の語義の関係は外延の変化という概念的なものであるので、ここで取り上げた。

一三　語形省略による場面的多義

我々の日常生活では場面の助けを借りておびただしい語形省略を行なっている。学校などの「事務部」を指すのに単に「事務」と言ったり、「消防署・消防車・消防隊」の代わりに単に「消防」と言ったりする。これをほかと一緒に多義としてよいかどうか、問題が残る。例えば右の「事務」は〈事務部〉という多義を発生させているのか。そうではなくて、「事務」はあくまでも動詞的意味のままであり、「事務部」を指す場合は学校という場面の働きにたよってその意味解釈を聞き手の語用論的推論に期待しているのに過ぎないのではないのかということである。そうであれば、「事務」は「事務部」の省略形とだけ言えばよいことになる。

従来語義の特殊化と呼ばれてきた現象があるが、これも場面に支えられた省略用法と言うことができよう。例えば「石」は医療の現場では「結石」を意味し、宝石店では「宝石」を意味し、刃物を研ぐ場面では「砥石」を意味する。

以上多義の分岐のしかたを見てきたが、これは現時点での私見であり、今後さらに研究を進める余地は残されている。あとに続く本文も合わせて、すべては研究途上にある。ささやかな本書を通じて多義研究に関心を持つ人々が増えることを願っている。

多義動詞の分析と記述

【あおぐ（仰ぐ）】

「仰ぐ」は基本的には高い所を見上げる動作ないし姿勢を指す動詞である。「仰ぐ」も「見上げる」も動作としては同じであるが、「見上げる」が日常口語であるのに対して、「仰ぐ」は文章語的である。「仰ぐ」の多義はすべてこの見上げる姿勢から生じたものと見ることができる。この動詞の多義は大きくふたつに分けられる。ひとつは「毒を仰ぐ」という場合で、姿勢そのものが同じであることに基づく。もうひとつは心理的に自分より社会的・人格的・力関係的に上位にあると認める人あるいは人のグループに対して抱く心理状態を表わす場合である。最初に、整理した多義体系を示す。

あおぐ【仰ぐ】文章語

1（基本義）［対象ヲ］見上げる。感嘆の念を伴うことがある。「満天の星を仰ぐ／天を仰いで嘆息する／馬上の雄姿を仰ぐ」

2 〈1と同じ姿勢から〉［対象ヲ］（毒・酒などを）一息に飲む。慣用句「毒を仰ぐ」〈毒を呑んで自殺する〉

3 〈1からの心理的比喩〉 a ［対象ヲ補語ト］尊敬する。「長兄を師と仰ぐ／傑人と仰がれた指導者／その画家は近代絵画の巨匠と仰がれている」。 b ［対象ヲ補語ニ］迎える。「殿下を総裁に仰ぐ」。 c ［従動作主ニ従動作ヲ］［従動作主ノ従動作ヲ］（相手を社会的上位者と認めて）求める。「社長に決済を仰ぐ／先生のご指導を仰ぎたいのですが／女王の臨席を仰ぐ」。 d ［対象ヲ起点ニ］（相手を持てるものと認めて資財の配分を）求める。頼る。「原料を海外に仰ぐ／資金を後援者に仰ぐ／多くの人に尽力を仰ぐ」。

3cの文型要素として試みに「従動作主」と「従動作」を示した。これは本動作「仰ぐ」とその動作主と区別するためのものである。

部長は ［社長に　決済を］ 仰ぐ。
（主動作主 ［従動作主　従動作］ 主動作）

従来の意味格の考え方からすれば「社長に」も「決済を」も共に対象格ということになろうが、それでは文型の区別にあまり役立たない。「主・従」というのは文法的な機能であるから、意味格と混同するのは好ましくないという考え方があるかもしれない。その場合には、別途に「対象句」という概念を設定して、次のようにすることが考えられる。

部長は［社長に　決済を］仰ぐ。

対象句

（動作主　［動作主　動作］動作）

これは文型の中に複合文型を認めることを意味している。

【あらう（洗う）】

「洗う」の多義の全体を眺めると、基本義としては昔風の洗い方に基づかなければならないことが分かる。そのあとで、石鹼などの洗剤を用いる近代的な洗い方を付け加えるのがよいと思われる。現在、比喩義として定着している意味が伝統的な洗い方に基づいたものであるからである。

あらう【洗う】

1（基本義）対象物に多量の水をかけ、表面をこすったり、もむような力を加えて汚れを流し去る。近代では、水に石鹼・洗剤を加えたり、電気洗濯機を用いたりする。

［対象ヲ］「体を洗う／手を洗う／シャツを洗う」

対象は汚れを含む本体そのものであり、本体の一部をなす「汚れ・泥」などは普通は対象にならない。代わりに「汚れを洗い落とす」と言う。しかし、『学研現代新国語辞典』の「あらう」

の項には、「大根の土を洗う」がある。

［対象ヲ道具デ］（道具格には「石鹸・洗剤・洗濯機」などが用いられる。）「手を石鹸で洗う」

［場所デ対象ヲ］「風呂場で下着を洗う」

2（様態比喩）［動作主（波）ガ対象ヲ］「波が岸を洗っている」

この用法は、1の基本的用法で洗濯物に水をざぶりざぶりとかけて洗うところから、水の動きの点（洗濯の様態）を取り出して比喩的に用いたものである。「波」が動作主であると同時に手段になっている。つまり、「波がそれ自体で岸を洗う」という意味構造に基づいていると考えられる。これは「再帰的手段（reflexive instrument）」とでも捉えられるべきものであるが、「それ自体で」は表現されることはない。「波」に関しては、並行的な現象として「波が岸に寄せる」という表現がある。これも「波がそれ自体を岸に寄せる」という再帰目的語表現から生じたものと考えられる。この場合も「それ自体を」は表現されることがない（国広哲弥「日本語の再帰中間態」参照）。

3（1からの比喩）［対象ヲ］隠されている犯罪的な部分を明らかにするために対象（事件・人間関係など）を調査する。「心中事件［交友関係・背後関係・過去・経歴・家庭・身辺」を洗う」

［対象ヲ］（対象は結果目的語）不明な事実を明らかにする。「行き倒れ人の身元を洗う／謎の人物の正体を洗う」

4（1のうち、洗浄効果の点に基づいた比喩）（通常受動態）［対象が洗われる］（心などを）清らかに［すがすがしい状態に］する。「心が洗われるような気がする」

5（2がさらに比喩的に用いられて）（通常受動態）（波のように）強い影響力が押し寄せる。「この村も過疎の波に洗われている／経済界は不景気の波に洗われている」

以上の「洗う」の多義を体系化すると、次のようになる。

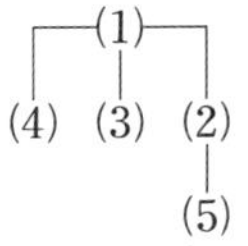

【くずす（崩す）・くだく（砕く）】

以下に「くずす」と「くだく」を取り上げるが、その前に両動詞を比較分析することによって各々の意味の分析を少しでも深めておきたい。まず、代表として二つの国語辞典を取り上げ、どのように記述されているかを見る。

『大辞林』

くずす　一つにかたまっている物を、端から次第にこわす。

くだく　固まっているものを、打撃や圧力を加えて細かい破片にする。かたまりを細かくする。

これだと、対象物は同じように「固まっている物」であり、「こわす」も「細かい破片にする」も実質的には同じことのように思われ、差がはっきりしない。

『岩波国語辞典』

くずす　一つにまとまり整った形を成しているものを、砕いてこわす。

くだく　固まっている物を打ちこわして、細かくする。

ここでは、「くずす」対象物が「一つにまとまり整った形を成している」という点が分析を一歩深めていると言える。さらに分析を深めることができないものかと考えて、両動詞の用法を比較してみる。まず「くずす」が使えない場合を見る。

（1a）　*棍棒でなぐって相手の脳天をくずす。
（1b）　棍棒でなぐって相手の脳天をくだく。
（2a）　*銃弾が貫通して肩の骨をくずした。
（2b）　銃弾が貫通して肩の骨をくだいた。

（2）の「肩の骨」は一個の骨を指している。ところが同じ骨でもたくさんの骨からできた「骨の山」なら「くずす」ということができる。しかし「骨の山をくだく」とは言えない。同様にして、「氷をくだく」は一個の氷の塊を対象にしている場合であり、「氷をくずす」はたくさんの氷塊が積み上げられている場合を言う。ここから「くずす」の対象はたくさんの要素の集まりであり、要素同士は固く結びついてはいないことが分かる。次に「くだく」が使えない場合を見る。

（3a）一万円札を千円札にくずす。
（3b）＊一万円札を千円札にくだく。
（4a）列をくずさないように歩く。
（4b）＊列をくだかないように歩く。
（5a）碁盤の石をくずして打ち直す。
（5b）＊碁盤の石をくだいて打ち直す。

（3）では一万円は千円という要素から成り立っているし、（4）では一人一人の人間が要素となって列を形作っているのである。（5）では個々の石はゲームを成り立たせている要素であり、石を「くだく」とそれは碁石としては使えなくなる。以上から「くずす」の対象は複数の要素からなることが明らかになった。

「くずす」の用法と多義体系

前節で明らかになったように、「くずす」の対象は複数の要素から成っていて、全体は山や列のように整った形をしている。碁の盤面に並べられた石は図形的には整った形をしているとは言えないが、石と石は特定の関係を構成しているので、関係的には整っていると言えよう。「くずす」の現象素は図示するまでもなく、何らかの要素の山のようなものを考えればよい。

「くずす」はさらに時間の流れに転用され、「テンポをくずす」、「体調をくずす」のように、出来事の流れの安定性・規則性を乱すことを指す。

以上の予備的考察に基づいて、「くずす」の諸用法を細かく見てゆくことにする。

一　対象物は整った形をしている

I　立方体

立方体を「くずす」場合、典型的にはそれを細片化することを意味する。立方体の細片化には元の形がゆがんだり失われたりする現象がともなうが、〈細片化〉という意味要素が抑圧されて、〈元の形がゆがむ〉という意味要素だけが用いられる場合もある。次の（4）から（8）がその例である。

（1）山を崩して谷を埋め、…（神田錬蔵『アマゾン河』）

（2）葉をじかに食べるのではなく培養した菌糸塊を食糧にするから、この蟻が移動してしまったあとの蟻塚を崩してみると、なかに茸ができている。（同右）

（3）クスクスの山は、みるみる形をくずし、あっという間に四人の胃のなかに収まった。

（森本哲郎『サハラ幻想行』）

（4）大切にする人は、靴の中へ木型（shoe tree）をはめ込んで置く。こうしておくと、靴の型が崩れないというのである。（中内正利『アメリカ風物誌』）

（5）この背広もずいぶん長い間着たので、形が崩れてきた。

（6）久美子は膝を崩して、テーブルにもたれかかった。（佐野洋『壁が囁く』）

（7）「ふぅむ」と、佐太郎は正座をあぐらに崩して、身体《からだ》から力を抜くようにした。（石坂洋次郎『山と川のある町』）

（8）丸顔に黒ぶち眼鏡をかけたタマちゃんは、だいたい背広に物差しでも入れたみたいな、シャチホコばった姿勢を崩さない男で、その意味では街をゆく姿勢のいいイギリス人たちといい勝負なんですけど、（深田祐介『西洋交際始末』）

II 平面図形

（9）佳奈は固い表情を崩さない。（平岩弓枝『彩の女』）

（10）川口は、いかめしい顔をフッと崩して微笑んだ。（足立倫行『日本海のイカ』）

（11）このピカピカ氏は謹厳無比の表情を絶対にくずさず、にこりともしないんだそうです。（深田祐介『西洋交際始末』）

（12）漢字をへたに崩すと読みにくくなる恐れがある。

（13）［囲碁］勝負がついたあと、一部分を崩して検討してみる。

上例にうかがわれるように、表情・顔・相好を「くずす」ということは、「微笑む」ということである。このことは国語辞典でも記述すべきであるが、『三省堂国語辞典』『新明解国語辞典』『大辞林』『岩波国語辞典』になく、『学研現代新国語辞典』『大辞泉』『明鏡国語辞典』にある。

III 線状体

（14）列を崩さないように前後に重なって歩いてください。

（15）中年になって体の線を崩さないように、日頃から運動を十分にするように心がけています。

二 対象物は安定している

対象物は時間の流れの中で見ると形が安定しているという前提がある。このために、本来変化しないはずのものを変化させる時、また本来変化させてはならないものを変化させる時、「くずす」が用いられる。物理的・心理的・抽象的と、いろいろな場合がある。

I 均整

（16）佳奈の体はバランスを崩した。（平岩弓枝『彩の女』）

(17) 同じ種類の花であっても、従えている葉の向きは一本ごとに違う。葉に艶がなければ花は映えないし、葉の形や葉つきの姿が悪くても、全体のバランスを崩してしまう。(有吉佐和子『青い壺』)

II 規則性

(18) たとえどんな生活であろうとも、人間は休息・ビックリ・労働・食事・休息というサイクルを崩してはいけない。(西丸震哉『未来の味・文明の味』)

(19) アジスの医師自体が性病の治療に、ペニシリン一本注射、クロロマイセチン三日分投与と決めており、このパターンを崩そうとしない。(松枝張『エチオピア絵日記』)

III 社会的しきたり

(20) 昔ながらの風習をくずさずに守る。(『学研現代新国語辞典』)

(21) 著者の家に不幸でもあればすぐ馳せつけて何でも手伝った。そして家庭的な交渉をもった。しかし折り目筋目をくずさなかったし、こと仕事のことになったら、親しさに甘ったれたり、いい気になったりしなかった。(小林勇『一本の道』)

IV 原則

(22) しかし、一度確認書も部屋番号も忘れた国賓に断固としてキイ渡しを拒み、大問題となり、先輩にあれはあくまでも原則だ、臨機応変にやれと言われてから原則を崩した。（森村誠一『大都会』）

(23) 自分が死ぬ苦しみで垂直のビルの壁面にへばりついている時でさえ、光子の感じ方は生まれながらに彼女が持っている独特の方式を崩さないのだ。（井上靖『今度は俺の番だ』）

(24) するとやはり高校生には、自由に進学の道をあけておくという前提を、くずすわけにはいかないことになる。（西義之『日本をダメにした戦後教育』）

(25)「地方自治」というのは、日本の本質なのであって、これをくずしたら、それは日本の背骨が折れるということを意味する。（加藤秀俊『空間の社会学』）

V 態度

(26) 高野は冷い態度を崩さなかった。（結城昌治『失踪者』）

(27) 持前の新人らしからぬ落ちつきはらった態度はくずさなかった。（深田祐介『西洋交際始末』）

(28) 彼は反抗的な姿勢を崩して、酔っぱらいの姿勢にかえった。（井伏鱒二『夜ふけと梅の花』）

(29) 政子は、最後まで殊勝な嫁のポーズをくずさなかった。（平岩弓枝『彩の女』）

最後の態度に関する実例に関してひと言触れておかなければならない。「態度」そのものは必ずしも安定しているべきものではない。『新明解国語辞典』の「態度」の項にも、「㊁その時どきの情勢に△応じて（対処して）どう行動すべきかの意向や方針」と記されている。ところが右の例のように、「くずす」の目的語として用いられると、「くずす」の前提として安定したものが考えられているため、この文脈ではある特定の態度・ポーズがしばらく持続することが期待されているのだという含意が加えられることになる。この持続という含意は実例中「くずさない」（＝取り続ける）という否定形が多いことにもうかがわれる。

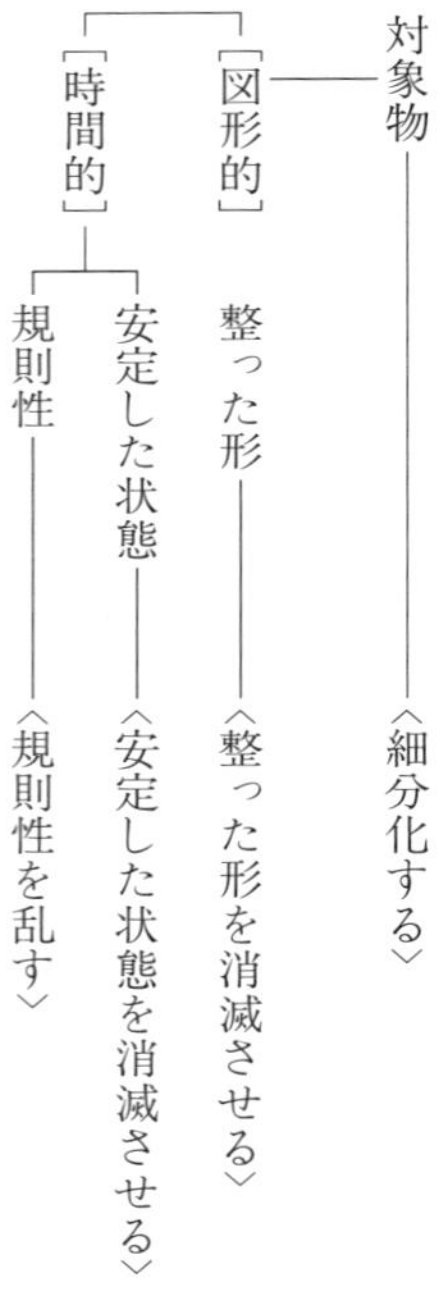

「くずす」の多義体系図

「くだく」の用法と多義体系

「くだく」の基本義は、すでに「くずす」と対比しながら見たように、《固い単一体に打撃を加えて細片化する》であると考えられる。その多義的派生義は次の三種類に整理される。

①物理的・抽象的な強い勢いを弱める。

「テトラポッドで波の勢いをくだく」「敵の野望をくだく」

②理解が難しいものを理解し易くする。

「難解な理論をくだいて説明する」

③（心を）酷使する。

「心をくだく」

【くれる（暮れる）】

「暮れる」の基本義について、たいていの辞書は「太陽が沈んで暗くなる」のように、暗くなる時間帯だけを取り上げている。しかし「暮れる」の派生用法を見ると分かるように、裏には「昼間の（相対的に見ればかなり長い）時間帯が過ぎ去って」という意識が含まれている。この点を的確に捉えているのが『三省堂国語辞典』の「（昼のあいだがおわって）暗くなる」である。

「暮れる」は一日について用いられるのが基本的用法であるが、これを一年に適用して「年が暮れる」のように用いる。これは「時間的単位の終わりの部分」という点に基づく比喩的用法である。これが一九九九年のような一世紀の終わりにも用いられるか否かは慣用の問題である。

「（長い）時間帯が過ぎる」という点に基づいた用法として、「涙［悲しみ・悲嘆・思案・途方］に暮れる」という連語がある。これを連語というのは、この意味での「くれる」の用法はほぼこれらの語に限られ、結び付きが固定しているからである。これは、「涙」の例でいうと、「涙を流しているばかりでほかに何もしないままに時間が過ぎて行く」ということである。そこから〈深く悲しむ〉という意味に移って行く。「途方にくれる」という場合の「途方」は「方向、行動のしかた」ということであり、〈どうしてよいか分からないままに時間が過ぎて行く〉ということになる。

このように基本義の周辺に位置する意味的要素に基づく比喩を「周辺的比喩」と呼ぶ。これについてはすでに国広哲弥『意味論の方法』（一九八二）で論じている。これに対して、すでに触れた「暮れる」を一年に適用する用法の方は「中心的比喩」と呼んで区別される。

「暮れる」は非対格自動詞と考えられるので、「日が暮れる」のように対象格「日」に付く助詞は非対格と相性のよい「が」が用いられるのが普通である。以上を辞書形式にまとめると、次のようになる。

くれる【暮れる】（非対格自動詞）

1（基本義）［対象（＝日）がV］昼間の明るい時間帯が過ぎて太陽が沈み暗くなる。「日が暮れる」⇕「夜が明ける」。「*日が明ける」とは言わない。

2（中心的比喩）［対象（＝年）ガV］一年が過ぎて年末に近づく。「今年も暮れてきました」⇕「年があける」

3（周辺的比喩）［対象（＝心理状態）ニV］ある心理状態（を表わす行動）のままに時間が過ぎて行き、ほかに何もできない。（連語）「涙［悲しみ・悲嘆・思案・途方］にくれる」

【こぐ（漕ぐ）】

分析資料

「こぐ」の分析資料としては、『大辞林』のものが最も詳しく、記述も適切であると考えられるのでそれを中心とし、「—をこぐ」の位置に用いられる名詞については『究極版 逆引き頭引き日本語辞典』から資料を補う。

こぐ（『大辞林』）（便宜上、漢字に付けられた読み仮名は省略する）

手や足を繰り返し動かして前に進む。

①艪・櫂などで水をかいて、舟などを進める。「ボートを—・ぐ」「櫓を—・ぐ」

②ペダルを踏んで、自転車などを進める。「自転車のペダルを—・ぐ」

③足を動かしてブランコを揺らす。「ブランコを—・ぐ」

④手押しポンプを手で動かす。「ポンプを—・いで水を汲む」

⑤〔雪の中ややぶの中を〕かきわけて進む。「深い雪を―・ぐ」「やぶを―・ぐ」〔上代からの語〕

こぐ『究極版 逆引き頭引き日本語辞典』〔あとの分析の都合上、意味格の観点から分類して示す〕

［対象］カヌー、小舟、舟、ボート、和船／自転車、ブランコ、ポンプ。
［道具］〔＝対象の一部分〕オール、櫂／ペダル。
［場所］海、海面、川、水、湖／竹やぶ、谷、道、雪。

多義分析

右記の多義の状況にさらに慣用句「舟を漕ぐ」〔いねむりをして、上半身をこっくりこっくりゆする〕を加えて全体を見渡すと、人間が櫓や櫂を動かして舟を前進させる姿を現象素として基におけばよいことが分かる。『大辞林』の記述の冒頭に全体をまとめる形で「手や足を繰り返し動かして前に進む。」と記してあるのは、我々の言う現象素の描写に近いものであると見ることができる。しかし、この記述には後続の多義全体の共通点を取り出そうとする意図がうかがわれ、舟、自転車という具体的な物が抽象して取り除かれている。また、慣用句「舟を漕ぐ」の意味理解に必要な上半身を繰り返し前後させる点も抽象されている。ここに我々の言う現象素という概

水上	陸上	動作様態	前進	格		用例
				対象	場所	
＋		＋	＋	＋		舟をこぐ
	＋	＋	＋		＋	やぶをこぐ
	＋	＋	＋	＋		自転車をこぐ
	＋	＋		＋		ブランコをこぐ
	＋	＋		＋		ポンプをこぐ

念との相違点がある。現象素の把握では具体的な舟を漕ぐ動作と、それにより前進する舟の全体が捉えられていて、抽象化を行わない。「舟を漕ぐ」という具体的な動作では、それが和船の船尾の近くに立って一本の櫓を操る場合でも、ボートで腰を据えて二本の櫂を操る場合でも、上半身を大きく前後に動かす点は同じである。こういう動きを現象素として基礎にとらえておき、その現象素の全体か一部分かに焦点を合わせることにより多義が生じると考えることによって、多義の全体を有機的に結びつけることができる。全体を大きく見ると、「舟を漕ぐ」という用法が歴史的に見ても現代の用法の頻度の点から見ても基本的である。この基本的な出来事は、認知的にからだの動作様態（繰り返しが含まれる）と前進の二つの部分に分かれることが多義用法から見て取れる。比較的に新しい「ブランコをこぐ」、「ポンプをこぐ」の場合にはこのうちの前進の部分が消えている。かなり古い用法の「やぶをこぐ」では動作様態と前進の両方の要素が保たれているが、他の用法が器物を対象にしているのに対して、この場合には人間自体が前進する。したがって「舟」などが対象格に当たるのに対して、「やぶ」は場所格であり、文型上

は区別されなければならない。しかし『新明解国語辞典』は両方を〈(なにデ) なにヲ〉という同一の文型にまとめている。また、動詞の自他を区別する立場からは「舟を漕ぐ」では他動詞であり、「やぶをこぐ」では自動詞ということになる。なお、『新明解国語辞典』の〈(なにデ) なにヲ〉という文型記述は「櫓で舟を漕ぐ」などを意味しているのであろうが、こういう表現はふつうはしないのではないか。この文型は『計算機用日本語基本動詞辞典ＩＰＡＬ』にも示されていない。以上をまとめると前ページの表のようになる。

【こる（凝る）】

「こる」の意味用法の記述については、どの国語辞典もほぼ同様であり、また比較的に単純であるので、ここでは各語義ごとに一つの用例を示せば十分であろう。

（1）肩がこる。（筋肉の一部が固くなる）

（2）人が盆栽にこる。（一つのことに興味を集中する）

（3）人がデザインにこる。／こったデザイン。（一つのことに工夫を集中する）

『三省堂国語辞典』はこのほかに、少し古くていまは稀になった〈気体のようなものが一か所に集まって、かたまる。〉を第一義として示している。これは『岩波古語辞典』に示された語源的意味に繋がるものである。そこには次のようにある。

《液体など、流動性をもって定まらないものが、寄り固まって一体となる意》

この意味は『日本書紀』の「したたる潮こりて一つの島になれり」にはっきりと読み取れる。

「こる」の多義をまとめるにあたっては、この古義を参考にすることができる。急いで付け加えておかなければならないが、古義はあくまで参考資料であり、考察の主体は現用法である。「こる」が指す右の三種類の出来事は、力の分布、心理的活動という目に見えない状態を指していて、通常の意味での現象素を基に考えることはできない。しかし目に見えない状態を比喩的に図式を用いて視覚化することは考えられてよいだろう。それは、例えば体温や体重の変化をグラフで示すようなものである。実際に目に見える現象と区別する意味で「比喩的現象素」と呼ぶことができよう。このように考えたとき、「こる」の基には図1のような〈一点への力の集中〉があると言うことができよう。

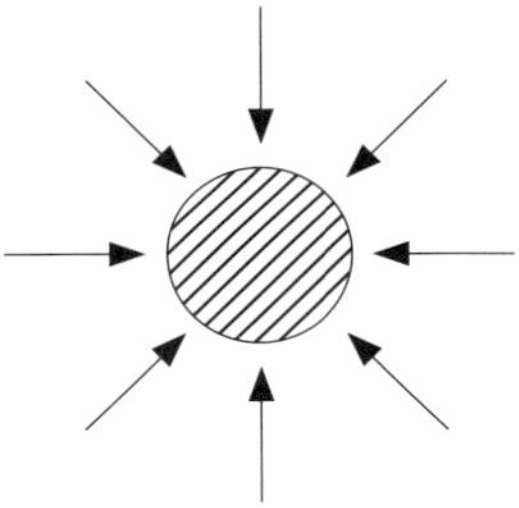

図1 「こる」の比喩的現象素

これは古義の可視的な状態変化も説明してくれるものである。この図に基づいて説明すると、(1)「肩がこる」は肩の筋肉の硬化・鈍痛などを〝主観的に〟その部分に筋肉中の力が集中した結果だと感じられるためであり、(2)「盆栽にこる」というのは、盆栽にばかり趣味を集中させ、ほかのことに気を回さない状態を言うのであり、(3)「デザインにこる」はデザインをできるだけよいものにするために集中的に工夫を重ねるのである。そのようにして出来上がったデザインを「こったデザイン」という。それはふつう複雑で細かな形を含む。この(3)の用法に関して『計算機用日本語基本動詞辞典ＩＰＡＬ』は「この絵はタッチが凝っている」と「あの食堂は装飾が凝っている」の二例を挙げている。

〈文型記述〉

（1）［対象ガ　コル］肩がこる。

（2）［動作主ガ対象ニ　コル］人が盆栽にこる。／人がデザインにこる。

（3）［対象ガ　コッテイル］装飾がこっている。

【ころがる（転がる）】

多義用法

多義動詞「ころがる」について国語辞典および手元の用例を眺め渡してみると、多義全体を有機的に関連付けるにはやはり現象素を基におくのが有効と考えられる。ただし「ころがる」の場合、ほかの動詞の場合のように物理的な現象だけを捉えたのでは十分でないと考えられる。物理的には多くの国語辞典が記述しているように、次のような現象を指す。

『三省堂国語辞典』①〔たまやまるい棒などが〕回って進む。
『新明解国語辞典』①丸みの有る物の表面が何かの表面に接して、回りながら進む。
『大辞林』①丸い物が他の物の表面を回転しながら移動する。

しかし、多義用法の一部に〈本来ならば人間が片付けるべきものなのに、そうしないで放置してある〉という意味に取れるものがあり、この用法を全体の中に取り入れるためには、「ころがる」状態を生じさせた人間の存在を前提としなければならないことになる。このいわば〈放置〉用法とは次のようなものである。

（1）パジャマのまま茶の間へ出て行くと、テーブルの上にトーストの切れはしがころがり、バタ入れの蓋も取ったままになっている。（大岡昇平『雲の肖像』）

（2）朝、目を覚ますと、割り箸ほどの細い腕の幼児が冷たくなって転がっていることもあった。（五木寛之『恋歌』）

（3）石のわきには、さしわたし六、七十センチはある大きな鋏も一個ころがっていた。（大岡信『アメリカ草枕』）

（4）湯気の立っている茶碗、その傍には、詩人の堀口大学さんに戴いてそれ以来愛用している銀の急須、女房が片付け忘れた、粒雲丹と搾菜《ヅァツァイ》と鮎のうるかの三つの小瓶が並び、その向こうには子供が食べ残した蜜柑が二つ転がっていて、その蜜柑の左に、小さな爪楊枝入れが光っている。（團伊玖磨『まだまだパイプのけむり』）

右の例（1）から（4）では、〈一旦人間の手にあった物〉が〈放置〉されている状態を指しているが、そのほかに例（5）（6）のように、人間以外の力により〈放置〉状態におかれた物も指す。

（5）ロバやラバの黄色いミイラ、白い骨がいたるところにころがっている。（向一陽『アタカマ高地探検記』）

（6）家の中、温室の中には硝子を破って飛び込んだ人頭大、拳大の黒い熔岩が、毀れた家具、割れた酒瓶の間に、落ちた漆喰を破って何十個もごろごろと転がっている。（團伊玖磨『重ねてパイプのけむり』）

（5）では動物が生命を失ったために、重力の働きにより「ころがる」状態になったのであり、（6）では火山の噴火によって飛ばされてきた熔岩の塊が「ころがった」状態になっている。つまり、物が「ころがる」には、何かの外力が必要だということである。人間が保持する必要を認めなくて放置するというマイナスの働きかけ、あるいは、人間以外の力の働きかけという前段階が存在するということである。つまり、何の働きかけもないのに「ころがる」現象は生じないということである。この働きかけは直接目に見えるものではなく、「ころがる」という目に見える現象に接したときに、さかのぼって前提として考えるという心理的なものである。つまり目の前の状況は、心理的に想定される前段階の動きの結果として捉えられている痕跡的認知の例であるということである。

基本義

（7）テーブルが少しかたむいていたので、球はころころところがった。

（8）丸い鉛筆はころがってゆかに落ちやすい。
（9）10円銅貨を落としたらころころところがってどこかに見えなくなった。
（10）飛行機は地上をころがって滑走路に出て行った。（車輪を指すメトニミー用法）

用例（7）から（10）に見られるように、「ころがる」物体は球・丸い棒・円盤などであり、「ころがる」場所は平面上である。共通点として〈回転しながら進む〉を取り出せるが、野球のスピンをかけられた投球のように空中を回転しながら進む球は「ころがる」とは言えないので、〈平面に接して〉という要素を加えなければならない。現行の国語辞典には、この要素を加えていないものがある。現象素を図示するならば図2のようになる。

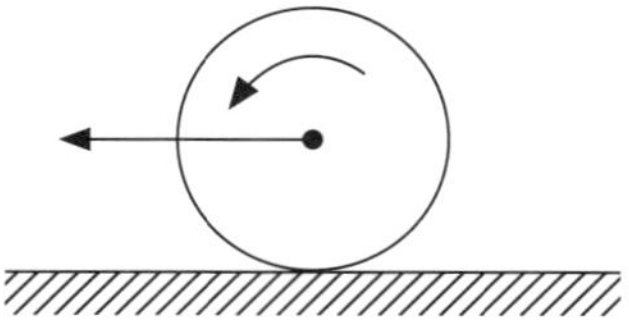

図2 「ころがる」の現象素

派生義 1 〈棒状・筒状のものが倒れる〉

（11）私はつまずいてころがった。

この意味では「ころがる・ころがった」の形で用いられることは稀であり、「ころがって・ころがっている」の形で用いられるのが普通である。「ころがっている」という形は痕跡表現であり、頻用される。例（11）は「つまずいてころんだ」と表現されるのが普通である。「？地震で花瓶がころがった」というのも非常に不自然であり、普通は「地震で花瓶が倒れた」と言う。一方、「寝ころがって本を読む」のように複合動詞の形で用いるのは普通であるが、「寝る」以外の動詞と結びつくことはない。『新明解国語辞典』、『大辞林』では用例の一つとして「寝ころがる」を挙げているが、これは別に独立項目としても立てられているので、用例からは削るべきであろう。

ところで、「ころがる」の現象素から派生義1がどのようにして生じたかということが問題となる。現象素が物体の移動を示しているのに対して、派生義1は状態の変化を指してはいるが、移動の要素を含んではいないからである。この派生義は、現象素の結果状態に焦点を絞ることによって生じたものであると考えられる。棒状のものが「ころがる」場合、いずれは静止する。その静止状態と同じとみなすことにより例（11）のような用法が生じたと考えられる。このいわば「みなし表現」が意味派生では大きな役割を演じる。これは痕跡表現であるが、これについてはあとの派生義3のところでまとめて説明する。

派生義 2 〈人間が体を平面上に横たえる〉

（12） 私は畳にころがって本を読むのが好きだ。

この意味では「寝ころがる」とも言うことができ、畳やベッドの上に横になることを指す。派生義1とは意図性の有無によって区別される。派生義1が意図しない出来事を指すのに対して、派生義2は意図的な動作を指す。この二義を区別している辞書としては、『大辞泉』がある。

派生義 3「ころがっている」の形による痕跡表現。

ここでは便宜的に派生義の一つとして列挙するが、厳密に言えば語義部分は基本義と同じであり、それに「ている」を付けることによって結果状態に焦点を絞り、さらに「ころがる」主体を無生物に限定したものである。痕跡表現というのは、実際には「ころがる」動きがないにもかかわらず、あたかもそういう動きがあって、その結果状態が目の前にあるかのように捉えて表現するみなし表現の一つである。詳しくは国広『理想の国語辞典』を参照して頂きたい。

この結果状態は、それを心理的にどのように認知するかによってさらに幾つかの語義を派生する。

派生義 3—1〈放置の結果としてそこにある〉

これは現状の前段階にまで心理的視野を広げたもので、すでに用例（1）から（6）で示したように、人間が適当に処置すべきであるのに放置した結果として眼前の状態があると言うのである。

(13) 家のなかはきれいになっていた。畳の隅が白いのは、そこにかつて簞笥がおいてあった場所だった。夫婦の寝室に入ってみた。出窓の台に人形がひとつ転がっていた。(立原正秋『去年の梅』)

派生義 3―2 〈多数の同類が散在する〉

これは現状だけを心的視野に入れ、さらに多数の物が関与している場合である。ここに含まれる〈多数性〉がどのようにして基本義から生じたのか明らかではない。この多数の物は元来放置されたものであるから、その位置関係は雑然としたものとなる。次に示す実例に明らかなように、文脈中に〈多数性〉、〈散在性〉を示す表現が見られる。これは用例(5)、(6)にも見られる。

(14) 古い牛の糞があちこちに転がっている。(向一陽『奥アマゾン探検記(上)』)

(15) 敵機から遮蔽できる繁みもあり、申し分ない場所なのだ。それを嫌な場所だったというのは、おびただしい日本兵の屍体がころがっていたからだ。(会田雄次『アーロン収容所』)

この用法はさらに抽象物にも比喩的に広げられている。

(16) 歴史と、民族の流転と、現在の輝かしい政治の成果と、芸術と―。毎日、考える事は余りにも大きかった。眼を澄ませば、あらゆる場所に、あらゆる種類の感動が転がっていた。（團伊玖磨『重ねてパイプのけむり』）

(17) 自分の身のまわりにころがっているさまざまな矛盾。（角間隆『燃えるアメリカ』）

(18) それからそれへと考えて行くと、日本国じゅう至るところにこの妙なイズムがころがっているような気がしてきた。（寺田寅彦「鸚鵡のイズム」）

(19) 大学を卒業したからって、いい就職口が転がっていると思ったら大間違いだ。（『現代国語用例辞典』）

(20) うまい話はそうころがってはいない。（『大辞泉』）

〈多数の同類が散在する〉ということから、その物の価値があまり高くないという含みを持つに至る。

(21) この程度の品だったら、どこにでもころがっているよ。

派生義 4〈ものごとの成り行きが変わる〉

(22) 事態はいまのところどうころがるか分からない。

(23) どっちにころがっても損はないと思う。

この意味は、現象素で主体が球や貨幣のような円盤状の物の場合の「ころがり方」の様態に焦点を合わせて生じたものである。球や貨幣は普通どっちに「ころがって」行くか分からないからである。この意味の場合、いまでは「ころぶ」の方を用いるのが普通である。この派生義の含意として、〈偶然性〉があるので、それに基づいて「幸運がころがりこむ」のようにも用いられる。以上に基づいて「ころがる」の多義構造をまとめると、次のようになる。

現象素——4（様態比喩）
基本義——1——2（意図化）
派生義——3（痕跡表現）

〈文型記述〉
基本義　［場所ヲ　コロガル］
派生義　［場所ニ　コロガル］
　　　　［場所ニ　コロガッテイル］

【しめる（閉める）・とじる（閉じる）】

「しめる」と「とじる」は類義の動詞であり、筆者は最初、柴田武編『ことばの意味2』（二一―二八ページ）で取り上げた。

（1）窓［戸・門・箱のふた］をしめる。
（2）窓［戸・門・箱のふた］をとじる。

両動詞ともに多義の幅がかなり広く、訓漢字として「しめる」には「閉・締・絞」が当てられ、「とじる」には「閉・綴」が当てられる。問題は、この幅広い多義的変容にどのように折り合いを付けるかという点にある。柴田武編『ことばの意味2』における分析の主眼は多義の背後にある基本義（＝意義素）を捉えることによって解決することにあった。そのために、多義という意味現象そのものには十分に注意が払われていなかった。その後筆者の研究が進んで、多義にもいくつかの種類があると考えるようになった。その段階で執筆したのが国広哲弥「語義研究の問題

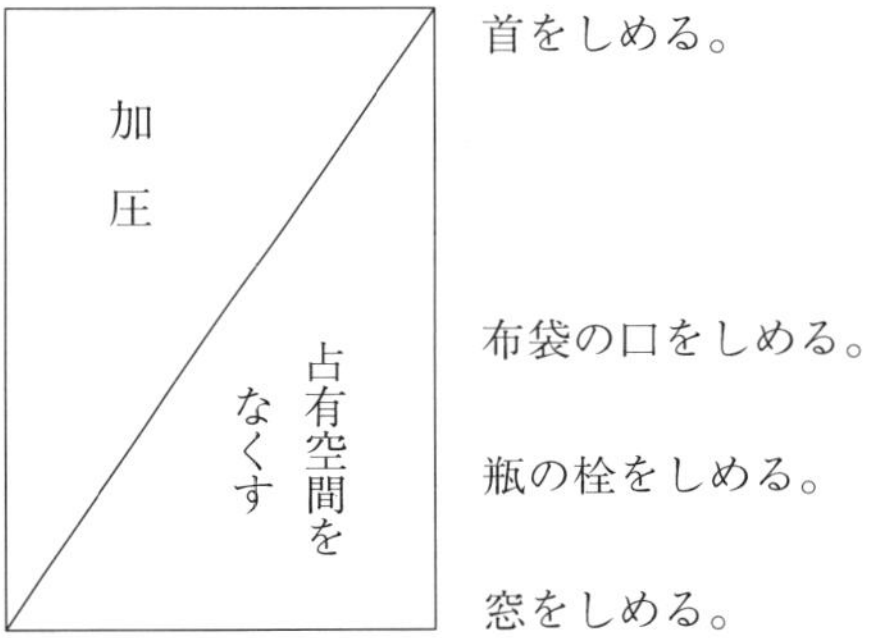
加圧
占有空間をなくす
首をしめる。
布袋の口をしめる。
瓶の栓をしめる。
窓をしめる。

図3 「しめる」

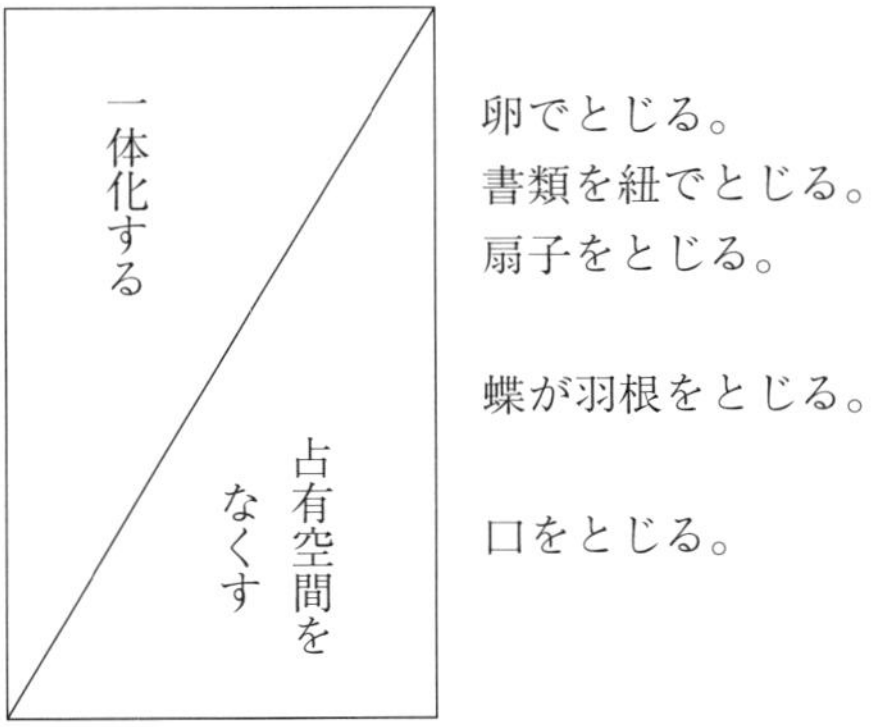
一体化する
占有空間をなくす
卵でとじる。
書類を紐でとじる。
扇子をとじる。
蝶が羽根をとじる。
口をとじる。

図4 「とじる」

点―多義語を中心として―」である。そこでは多義の構造に四つの型を認めた。焦点移動型、枝分かれ型、段階型、くさび型である。焦点移動型というのは、「あたま」が頭の全体を指す基本義から、頭の一部である頭髪を指すようになる場合をいう（例「頭を刈る」）。枝分かれ型は「はいる」という動詞に見られ、その記述は国広哲弥『理想の国語辞典』（一八五ページ）にある。これは基本義が空間→時間、具体→抽象、基本→比喩などの異なる意味領域にまたがって派生する場合を指す。段階型というのは「さす」という動詞に見られ、一つの動作や動きの各段階ごとに異なった意味を生ずる場合をいう。「さす」の各段階は「指す・差す・刺す」で表記し分けられる。この詳細は国広哲弥『理想の国語辞典』（一九七ページ）に見られる。最後のくさび型は、二つの意味要素がくさび形に相互に入り組んでいると見られる場合であり、「しめる・とじる」がそれに相当すると考えた。それは図3と図4のようになっている。

この図は、「しめる」の場合でいうと、「首をしめる」では〈加圧〉の意味が全体を占めているが、「布袋の口をしめる」では〈加圧〉と〈占有空間をなくす〉が半々であり、「窓をしめる」では〈占有空間をなくす〉が全体を占めていることを表わしている。ほかの具体的用法は上下の間のどこかに位置づけられることになる。この解決法はこれなりに多義現象をいちおう説明してくれると思われるが、一方では、これは心理的にどのような裏付けがあるのだろうかという疑問を残している。さらに関係する意味要素が三つ以上になったら、くさび型では処理できないという問題もある。

その後、筆者の意味についての考えが発展し、現象素という捉え方を得たので、この「とじる」と「しめる」についても、もっと自然な考え方ができるようになった。

「しめる」については、現象素として布袋の口を紐で絞める場合を考え、諸用法はその現象のどこか一部に心的焦点をしぼることによって生じると考えるのである。紐を締める動作は袋の口に〈加圧〉することであり、それは同時に袋の口という〈空間をなくす〉ことであるというふうに見るわけである。

次に「とじる」の現象素としては、着物の裂け目などを糸で綴り合わせ、ひと繋がりにする動作を考えればよいであろう。この単一の出来事は〈開口部をなくす〉という面と、〈離れていた部分を元に戻して全一体とする〉という面を持っているわけで、その両方にいろいろの程度に焦点を合わせることによって「とじる」の諸用法を説明することができる。

【とく（解く・溶く・梳く・説く）】

「とく」という動詞は「解く・溶く・梳く・説く」と書き分けられ、辞書では普通三つの見出し語に分けられる。しかし、意味的に分析すると、全体は一つの多義語にまとめることができる。辞書でも、『大辞林』『大辞泉』は三つの見出し語が同源関係にあることを指摘しているし、『岩波国語辞典』は一つの見出し語にまとめている。多義的な意味は全体で一三義程度に区別することができるが、問題はその多義間の関係である。それを以下に分析して示すことにする。まず、全用法を眺め渡して「とく」の基本義を定めるならば、次のようになるだろう。

とく（基本義）《（対象物の）固まった状態を緩める》

対象物は「とく」前は固いのが普通であるが、紐・帯など細い物の場合は何かの周りに固く締められた状態になっており、その内側の物に対する圧力を「緩める」ことを意味する。したがって、物を「とく」と、固い物が柔らかくなったり、圧力が緩められたりすることになる。「とく」ことの出来るような固形物は、それを形成している粒子相互の間に引き付け合う力が働いていると見て、その力を緩める点が紐などを緩めることと同じと見て同じ「とく」を用いているものと考えられる。具体物を対象とする基本義は抽象物に比喩的に転用され、幾つかの派生義を生み出している。多義の分類の仕方はどの辞書もだいたい一致しているので、比較的に簡単な記述をしている『三省堂国語辞典』に基づいて、語義とその代表的な用例を一つずつ示す。なお定義中の漢字に加えられた読みは省略し、用例中の見出し語省略線は元の語に戻す。

解く

①〔結んだり組んだりした・もの（所）を〕はなす。「帯を解く」
②ゆるめる。「緊張を解く」
③取り除く。やめる。「禁令を解く」
④ばらばらにする。ほどく。「着物を解く」
⑤〔わだかまった気持ちを〕消す。なくす。「いかりを解く」
⑥〔問題やなぞの〕答えを出す。「暗号を解く」
⑦〔文〕ぬぐ。「旅装を解く」
⑧〔文〕官職などを、やめさせる。「任を解く」

溶く
①〔粉・かたまりに〕液体をまぜて、どろどろにする。溶かす。「絵の具を溶く」
②〔割ったたまごを〕かきまぜる。溶きほぐす。「卵を溶く」（この用例辞書になし）

梳く
髪のみだれを、くしでなおす。とかす。「髪を梳く」（この用例辞書になし）

説く
①〔道理・教えなどを〕話して、わからせる。「倹約を説く」
②口に出して言う。書いてしめす。「口では民主主義を説きながら、やることは反対だ」

以上の記述に基づいて多義の意味関係を体系化すると次ページのようになる。

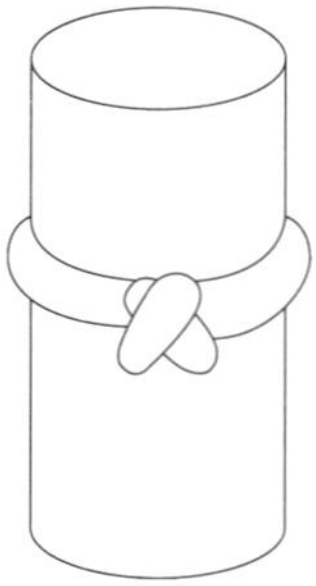
図5 「むすぶ」の現象素

「とく」の基本的用法は、結ばれた具体物に関するものである。したがって、まず「とく」の前提である「むすぶ」という出来事について考えなければならない。「むすぶ」の現象素として図5のようなものを仮定すると、その逆である「とく」の諸用法をうまく説明することができる。帯・縄・ネクタイのような長い物を「むすぶ」と、その長い物はひと

とく［対象ヲV］《対象物の固まった状態をゆるめる》

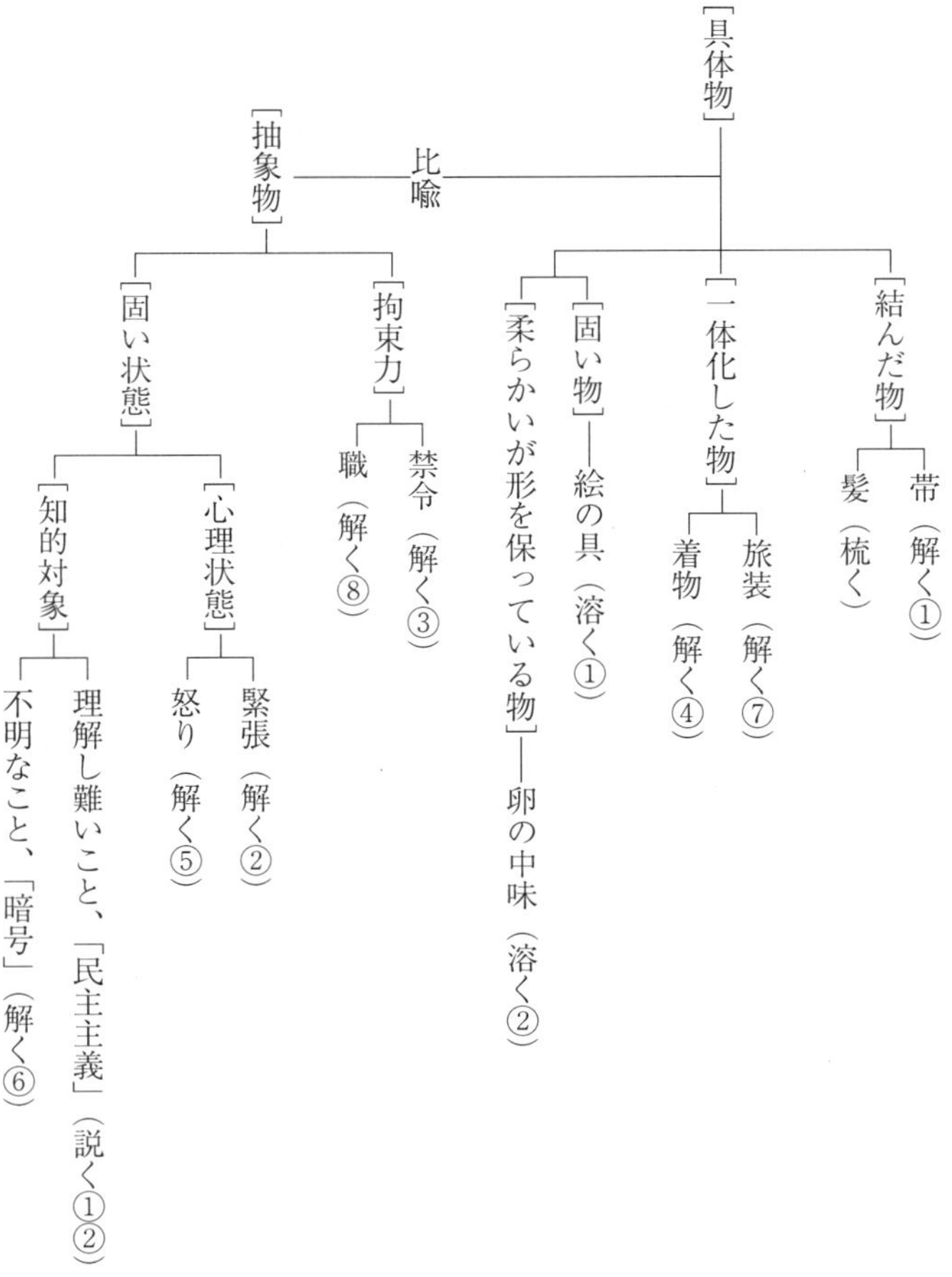

「とく」の多義体系図

繋がりになる。つまり一体化する。同時に固い結び目というかたまりができる。結び目は固くないと「むすぶ」機能を発揮しないので、「むすぶ」の背後には〈固い〉という概念が潜んでいる。さらに、結んだ帯などは普通何かほかの物の周りにまわされていて、その物体を多かれ少なかれ圧迫する力を加えている。そして全体がさらに大きく一体化する。衣裳のように結び目があちこちにある物は、全体が構造的にまとまるという結果になる。一本の紐だけを対象としてその両端を「むすび」合わせる場合があるが、その場合は〈一体化〉という点に焦点が合わされているものと見る。このような「むすぶ」という出来事が逆行するのが「とく」ことであるから、「とく」時は一体化が消滅し、加えられていた圧力も消滅することになる。固く結ばれた結び目も消滅する。このような「むすぶ」に関連した意味要素〈一体化する〉、〈圧迫する〉、〈固い〉を背景とする時、「とく」の多義体系はよく理解できると思われる。

ここで「とく」の多義体系図について若干の説明を加えておきたい。全体は大きく具体物を対象にする基本義と、その比喩的抽象義に分かれる。具体義は、帯・髪のような細長い物、結び目がたくさんあって全体が構造的に一体化している物、多かれ少なかれ固い性質に焦点を合わせて捉えた物の三つに分けられる。「とく」べき髪は結ばれたり（＝結われたり）もつれたりして固くなっている。帯の結び目も固くなっている。ここから固形の石鹸や絵の具を水に「とかす」用法が生じていると考えられる。「旅装を解く」という場合、昔の旅装を考える必要がある。その場合、菅笠・着物・脚半・草鞋などにたくさんの結び目があり、全体が旅装を構成している。

「着物をとく」という言い方は、洗い張りのために着物の縫い目の糸を「とく」ことを指している。つまり「とく」前の着物は一体化した物であった。

　比喩的抽象義は、大きく拘束力を除く場合と固い状態を解消させる場合とに分けられる。固い状態はさらに心理的なものと知的対象に分けられる。「緊張」は心が張り詰めていることを指しているが、「怒り」などと共に、我々はそういう状態の時心が固くなっていると直感的に感じていることがこの「とく」の用法からうかがわれる。知的対象はさらに理解しにくい場合と、不明な点を含む場合の二つに分けられる。前者は説明により、後者は答えを見つけることによって解消される（＝解かれる）。

「とく」の多義体系図では、図が煩雑になることを避けて各語義には用例を一つずつしか付けなかった。これでは動詞の用法の全貌を見渡すことはできないので、『究極版 逆引き頭引き日本語辞典』に示された目的語となる名詞、『小学館ブックシェルフ・ベイシック』から検索した語を合わせて、分類して示すことにする。この分類の段階で、「とく」の多義体系図には示されていない下位分類をもう一つ追加するのが妥当と考えられた。それは次ページの「拘束力」の次に示す「緊密な態勢」である。ここでは多数の人間が関与し、その人間がある統制の元にまとまった行動をとる。行動は制約されているが、それは別の目的を果たすために必要なこととして捉えられており、「禁令」のような自由の束縛を意味していない点が異なっている。

「とく」の目的語に来る名詞

［結ばれる物］糸、縛め（いましめ）、印綬、帯、腰巻、梱包、猿ぐつわ、下紐、新聞の束、スカーフ、包み、綱、纜（ともづな）、縄、ロープ、ネクタイ、褌、ベルト、包帯、水引、結び目、舫い（もやい）、舫い綱、草鞋の紐、髪、ほつれ。

［一体化した物］印（いん）、衣冠束帯、腕組み、甲冑、軍装、セーター、荷、荷造り、荷物、武装、風呂敷包み、包装、旅装、扮装。

［固いもの］石鹼、膠（にかわ）、絵の具。

［柔らかいが形のある物］白粉（おしろい）、芥子、粉、小麦粉、卵、泥、糊、蜂蜜、味噌。

［拘束力］足かせ、圧迫、冤罪、関係、禁、禁止、禁制、禁令、警備、契約、兼務、雇、拘留、職、処分、勤め、任、指定、呪縛、封鎖、役目、束縛。

［緊密な態勢］囲み、鎖国、スト態勢、ストライキ、陣、包囲、群れ、輪。

［固い心理状態］怒り、疑い、恨みの感情、疑念、疑問、恐怖、緊張、警戒心、誤解。

［固い知的対象］①難解で説明が必要なもの：愛、有難さ、いわれ、因果応報、飲食の害、革命、可能性、教養、功徳、経絡、見解、倹約、孔子の教え、効能、国防、心掛け、語の意味、根本、自由、重要性、純潔、情勢、商人道、真実、地誌、哲学、道理、仏の教え、道、民主主義、用法、理想、歴史、論理。

②不明で解答のあるもの：暗号、考えもの、事件、禅の公案、代数、知恵の輪、詰め碁、

謎、難問、パズル、秘密、方程式、問題。

【とぐ（研ぐ）】

「とぐ」の意味については多くの国語辞典が一様に三つを区別している。それを例文の形で示すと次のようになる。

（1）刀をとぐ。（目的：刃を鋭くする）
（2）鏡をとぐ。（目的：反射をよくする）
（3）米をとぐ。（目的：表面の糠を取り除く）

付記したように、それぞれ目的が異なるので、多義的別義とするのは十分に根拠のあることである。しかし、それは従来の考え方であり、我々としてはさらに考察を進めてみたい。問題は、この三義を並列した別義としてよいかということ、換言すれば、基本義と派生義の関係で捉えられないかということである。その見地に立つと、三義は一つの基本義にまとめられることが分かる。すなわち、

とぐ （基本義）《ある目的をもって物の表面に研磨剤を用いて摩擦を加え、薄くすり減らす》

同じく「とぐ」でも、対象物の性質によって目的も研磨剤も異なってくる。刀は刃先が鋭いのが生命であるから「刃を鋭くする」のが目的となり、刀は鋼鉄でできているので、すり減らすには砥石を用いなければならない。次に「鏡をとぐ」と言う場合の「鏡」はガラスではなくて、昔の銅合金製で錫めっきをしたものなどを指しており、表面の曇りをすり減らすことにより反射の度合いを強めたのである。現在のガラス製のものは「とぐ」とは言わず、「みがく」と言う。「とぐ」と「みがく」の比較についてはあとで触れる。最後の「米をとぐ」の場合は、米の表面についている糠などを水を媒体とし、米粒同士をこすり合わせて取り除くことを指す。石などの表面を滑らかにすり減らして模様がはっきり見えるようにすることを「研ぎ出し」と言うが、この語に含まれる「とぐ」は基本義そのものを用いている。

文型

「とぐ」は物の表面をすり減らすことであるから、素手でこすっても目的を達することは難しいので、何か道具・媒体を必要とする。したがって文型には基本的には対象格と道具格が現れる。

［動作主ガ＋道具デ＋対象ヲ＋V］
人が　砥石で　刀を　とぐ。
猫が　柱で　爪を　とぐ。

「刀」と「爪」は「とぐ」とも「みがく」とも言うことができ、物の表面を摩擦することは両動詞とも共通であるので、「とぐ」と「みがく」は類義語であると言うことができる。両動詞と目的語の結合関係は次のようである。

	刀	爪	牙	鏡	歯	靴	ガラス	肌
とぐ	○	○	○	○	(×)	×	×	×
みがく	○	○	○	○	○	○	○	○

「みがく」は「きれいにみがく」と言うことが多いことにうかがわれるように、目的は物の表面につやを出してきれいにすることである。「とぐ」の目的が表面の一部を削り落とすことであるのに対して、「みがく」は削り落とすことなくつやを与えることだけが目的である点が異なっている。したがって同じ目的語を取っていても、指す状況は異なる。「刀をとぐ」が刃を鋭くするのに対して、「刀をみがく」は平たい部分をぴかぴかにすることである。「爪をとぐ」が猫など

の動作であるのに対して、「爪をみがく」は女性がマニキュアをすることを指す。『新明解国語辞典』の「みがく」の項に「牙をみがく」は「牙をとぐ」の新しい言い方である、とある。すでに触れたように、「鏡をとぐ」は金属製のものに、「鏡をみがく」はガラスのものについて言う。「歯」の場合、人間が歯を清潔にするときは「みがく」であるが、歯を武器として用いるために先端を鋭くするときは「とぐ」を用いることになる。また、齧歯類が長く伸びすぎた門歯を削るときは「歯をとぐ」と言える。両動詞の相違点のみ記せば次のようになる。

とぐ　〈表面の一部のみ削り落とす〉
みがく〈表面につやを与え、きれいにする〉

「みがく」はさらに比喩的派生義として、〈修練を積んで、技術・人格などを向上させる〉という意味を持つ。「みがく」の基本的文型は「とぐ」と同じである。

【とまる（止まる・泊まる・留まる）】

国語辞典その他の資料に基づいて「とまる」の現代用法を見渡してみると、とりあえず一一種類の用法を区別することができる。そしてその全体は私見によれば単一の現象素に基づいた一個の多義語とみなすことができる。従来の国語辞典でも『岩波国語辞典』、『現代国語例解辞典』は一個の多義語として扱っている。問題は、その多義をどのようにして関係付けるかということである。ひとつの解決案として、まず移動体がある一点で停止するという現象素を基に置き、その現象のどの部分に心的焦点を合わせるかにより意味の違いが生じると考えてみる。さらにその移動動作に抽象化を加えて非移動的な運動の面を取り出す心的な操作、その運動をさらに抽象化して単なる継続状態を取り出すという一連の派生を考える。このようにして、一つの現象素に二つの異なった方向から心的な操作を加えて多義体系を発生させるのだと考えてみたい。出発点とする一一個の用法は次のとおりである。

①電車が駅にとまった／行進は交差点でとまった。

これは線的な移動を指す場合である。例文に示されているように、停止点がはっきりしている。停止点につく助詞は「に」でも「で」でもありうる。「道はそこでとまっている」もここに加える。現実には道は動かないが、擬人的に道が動いて（＝伸びて）きて、そこでとまった状態が痕跡として残ったものと捉えていると解される。「道はそこで突然終わっていた」とも言えるが、これは道が伸びるという出来事が観察者である人間にとって「突然」と感じられる形で終わっているというのである。「国境線は人跡未踏の密林の中を走っている」も同様に擬人的な比喩表現であり、痕跡表現でもある。つまり「国境」が走ったあとに残っている痕跡と捉えた表現である。

②血がとまった／水道がとまった／電気がとまった。

流動体が線的な移動を停止することを指す。血や水道では出口がいちおう停止点と考えられるが、それはほとんど念頭にないと言ってよいだろう。この用法では移動の動きのみに焦点が合わされている。「交通がとまる」もここに属させる。「交通」は一見①と同じく車や人の線的な移動を指すと考えられるが、実際はあらゆる方向の移動が総体的に捉えられていると見るべきで、その意味で線条性が薄らいでいる。交通が止まったとき、車などの個々の停止位置は話し手の念頭にはないであろう。

③モーターがとまった／時計がとまった。

①②に含まれていた線的な動きの代わりに回転運動が含まれているので、別扱いとする。継続的な動きの停止という点では①②③は同じである。

④息がとまった／心臓がとまった／笑いがとまらない。

動きがさらに抽象化され、繰り返し的出来事となっている。

⑤船が港にとまっている。

①から④までがある継続時間を持つ動きとその停止位置の両方、あるいは継続的出来事とその停止時点の両方を心的焦点内に捉えているのに対して、⑤では停止の局面の方に注意が偏っていると考えて①とは別扱いとした。停止局面への注意の向け方の違いは、車や電車と船という移動体の性質の違いからきていると言えるので、文脈の影響と考えて同列に扱うことも考えられる。

⑥鳥が木にとまった／かくれんぼするもの、この指とまれ。

⑤よりもいっそう停止状態に注意が集中している用法である。鳥の場合、木にとまるまでの飛んでいる姿は目にはいっていないのが普通であろう。飛んでいる姿が目に映らなくても、鳥

が木の枝につかまっている姿を見れば、理屈から言えばその前にどこかから飛んできたはずであるという推理に基づいて、基本的には先行の移動段階を含む「とまる」を用いているのだと解される。かくれんぼの場合も、「この指とまれ」は「この指をにぎれ」と言っているのに等しく、先行の移動段階は念頭から消えていると言えよう。発生的には、トンボなどが草葉の先に「とまる」様子に似ていることから来る比喩的表現であったであろう。

⑦ホテルにとまる。

自分のうち以外の宿泊可能な場所に短時日滞在することを指す。同じく夜を過ごすのに、自分のうちの場合はなぜ「とまる」と言えないかというと、それは「とまる」の基本義からきている。基本的用法①に見られるように、「とまる」は先行の移動段階を前提として含んでいる。動いていないものは「とまる」ことはできない。人間の移動中つまり自分のうちを離れているあいだに夜を過ごすのが「とまる」であるので、年中いるのが前提となっている自分のうちには「とまる」ことはできない。

⑧札は釘でとまっている。

主語になる物体は動きとは全然関係がなく、どこかに固定されるものである。固定というのは①などの動く物の停止点のことであり、この用法での心的焦点は停止点から始まって、それ以後に続く停止状態を含んでいる。そのために結果状態を表す「―ている」形で用いられることが多い。

⑨痛みがとまらない。

⑧と同じく継続状態を指す用法であるが、⑧が停止状態からあとの状態を心的視野に入れているのに対して、⑨は停止状態に至るまでの状態を視野に入れている。「痛みがとまった」と肯定文で言っても同様である。これは心的視野のずれが多義発生の元となる場合である。

⑩面白い本が目にとまった／美しい曲が耳にとまった／心にとまった逸話。

これは⑦⑧と同じく、停止点からそれ以後の状態が視野に入れられる場合である。視覚・聴覚・意識を入り口として、何かが記憶という継続状態に留まることを指している。

⑪彼女は美貌を鼻にかけてお高くとまっている。

対人的態度が高い位置に停止したまま下に降りてこないことを指しているので、心的視野は停止点以後を覆っている。

ここで特に注目すべきは、⑦⑧⑩⑪において未来の時間帯が視野に入れられている点である。

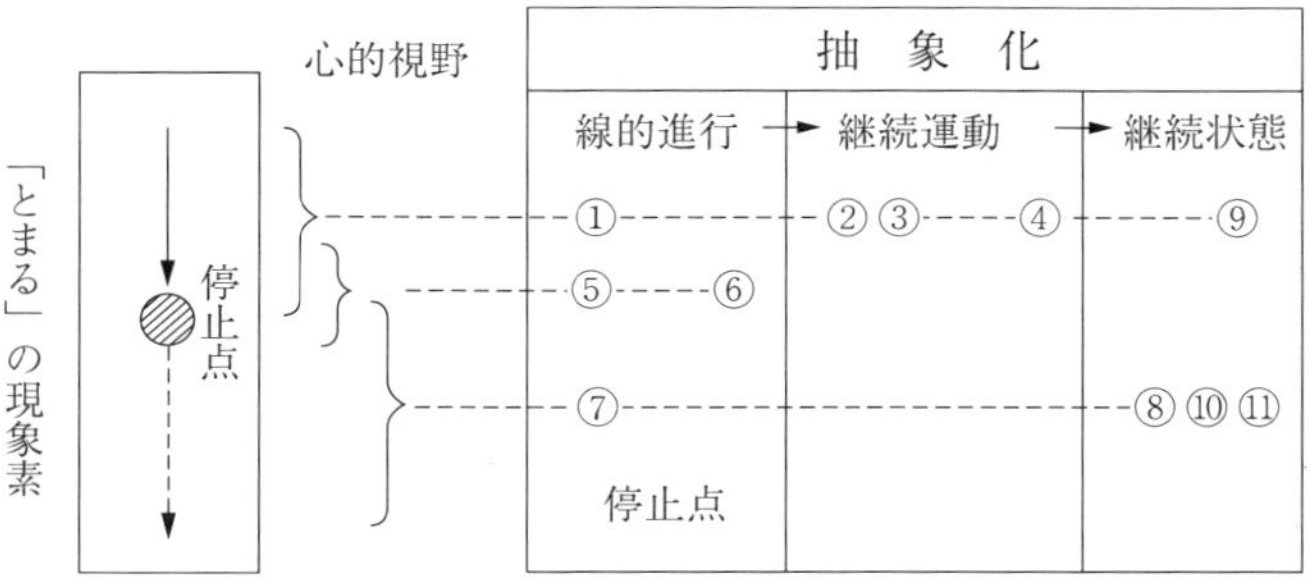

「とまる」の多義体系図

今まで触れられることが少なかったが、未来を取り込んだ語義は意外に多い（仲本康一郎・小谷克則・伊佐原均「予期的認知と形容表現」を参照）。「この橋は危い」は〈未来に人間が傷害をこうむることが予測される状態である〉ということであり、「―しておく」は〈未来の出来事に備えて何かをする〉ことである。「石がゴロゴロと積んである」は〈ゴロゴロところげ落ちそうな状態で〉ということである。

以上、ある移動物の停止点をめぐって心的視野がどの範囲に及んでいるかという次元、また移動物が具体的なものであるか、抽象化を受けて運動、さらに状態に派生して行く次元の二つの次元を念頭におきながら諸用法の説明を行ってきた。これを一つの体系図にまとめると上図のようになる。

右の用例中、「どこどこに」という形で停止点を表現するものとして、①⑤⑥⑦⑩がある。そのうち具体物の線的進行を指す①～⑦のすべてに停止点が表現されることは十分に予想されることである。さらに⑩は記憶という状態を指すので、記憶の定着場所として「どこどこに」を表現している。神経生理学的には記憶の場所はすべて脳であるけれども、人間の素朴な認知の仕方を反映する言語表現では、目・耳・心に記憶が定着すると考えているわけである。なお⑦の「とまる」には「―にとまる」と「―へとまる」の両方がある。

(1)才助自身にはもちろんそんな高い宿に泊ったことはないし、そのつもりもない。(池澤夏樹『骨は珊瑚、眼は真珠』)

(2)「あてがないのか。ずいぶん疲れているようすだな。そろそろ日も沈むし、今夜はここへ泊ってゆくか?」(同右)

文型

〔動作主+場所ニ/ヘ+V〕①⑤⑥⑦⑩

〔動作主+V〕②③④⑧⑨⑪

以上が「とまる」の多義体系である。このように二次元的に広がる体系を辞典の形で記述するときは、多義の配列法に一工夫が必要である。一つの案は、心的視野の違いを主軸とし、まず三つの型の視野を考える。

I　移動から停止点まで。

II 停止点に重点。
III 停止点からそれ以後。
次に各視野ごとに横軸の「進行―運動―状態」の順に配列するというものである。

【なおす（直す・治す）】

「なおす」の多義的用法の全体を見渡してみると、単一の中心義からの派生と見ることができることが分かる。それは《あるべき形・状態にもどす》ということである。逆に言えば、「なおす」べき対象は「あるべき形・状態をはずれている」という前提を含んでいる。多義は「なおす」べき対象の性質の違いから生じると見ることができるので、ここでなすべきことは、さまざまの対象の性質をどのような体系に整理して示すかを考えることである。検索の便を考えるならばその体系は人間の基本的な認知体系にできるだけ合致しているのがよいと考えられる。

多義体系と認知体系

認知体系というのは従来概念体系として考えられてきたものである。その具体的な作品は英語の *Roget's International Thesaurus*、国立国語研究所の『分類語彙表』、『角川類語新辞典』、『日本語語彙体系』などに見られる。筆者も「概念体系分類法試論」において若干の考察を行なった。今回「なおす」に反映されているはずの部分体系が既存の体系とどのように合うか合わないかを検討してみたところ、現行の分類体系はとても問題にするところまで行っていないことが分かった。そもそも理想的な認知体系の記述というものが考えられるのかどうかということから検討して行かなければならない。非常に複雑なものになることは間違いないが、それをどのような形で捉えるのがよいのかということが次に考えるべきことである。その本格的な研究は別の機会に譲ることにして、ここでは、まず「なおす」の多義体系を示し、それが既存の体系とどういう関係にあるかを見て行くことにする。

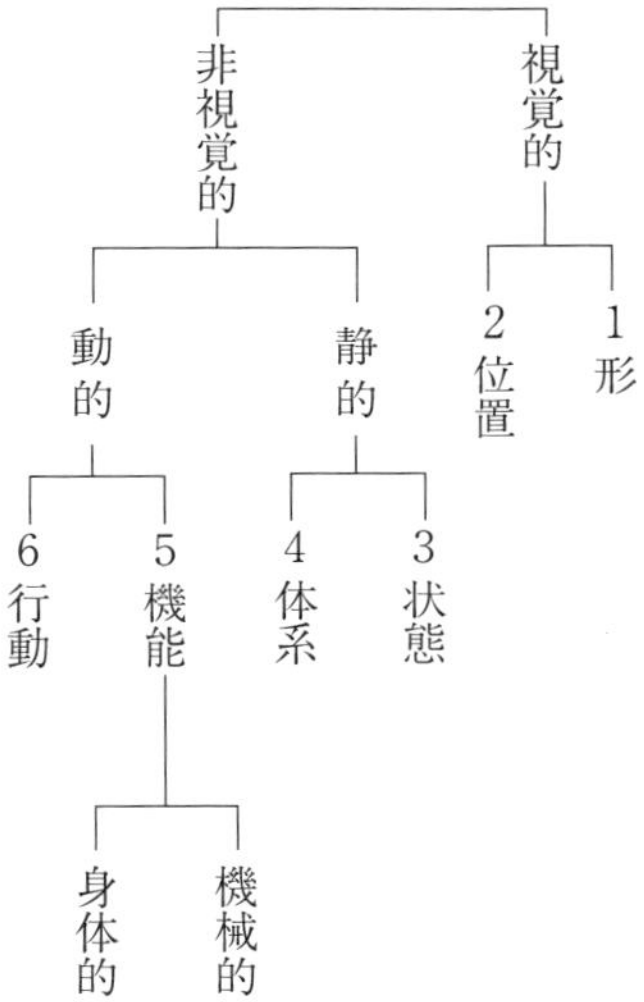

「なおす」の多義体系図

『日本語語彙体系』（以下「岩波版」と略称する）に示された「一般名詞意味属性体系」は名詞

の分類体系を示す形を取っているが、これは名詞を超越した概念体系とも見ることができる。岩波版には名詞の体系があるのみで、動詞・形容詞のものはない。しかし上記のように名詞体系というよりは概念体系と見るならば、動詞・形容詞にも十分に流用することができる。品詞の違いは意味の違いではなく、文法上の違いを示すものだからである。そういう立場に立って「なおす」の多義体系が岩波版の体系とどのように対応するかを調べてみたところ、あまり整然とした対応はなさないことが分かった。例えば、「なおす」では〈形〉と〈位置〉が視覚的な意味単位として平行して現れているが、岩波版には視覚的・非視覚的という分類項はなく、形と位置も平行するような位置付けがなされていない。また位置という捉え方もなされていない。岩波版で〈形状〉にたどり着くにはどのような分類の筋道をたどるのかを見てみよう。まず名詞の全体は具体と抽象に二分される。次に抽象は抽象物・事・抽象関係に三分される。次に抽象関係は九区分される（存在・類系・関連・性質・状態・形状・数量・場・時間）。このようにして、形状は抽象関係の一区分となっている。

次に『角川類語新辞典』を見てみよう。この分類体系は十進法に基づいており、最上位の一〇区分は、「自然・性状・変動・行動・心情・人物・性向・社会・学芸・物品」となっている。その性状の最初の二区分として〈位置〉と〈形状〉が現れている。「なおす」に関しては『角川類語新辞典』の方がはるかに合致度が高い。最上位の一〇区分も自然な認知体系を比較的によく反映しているように思われる。ただし、十進法はおおいに問題であって、至るところに無理な分類を生じている。細かく見ると、分類の理論面にもいろいろと考慮すべきことがあるようである。例えば分類項自体の内容的な重なりの問題がある。〈変動〉という最上位項のすぐ下の分類は〈動揺・移動・離合・出没・変形・変質・増減・情勢・経過・関連〉となっているが、〈関連〉は静的な関係であって変動とは言いがたく、かつ〈離合〉と重なった面がある。〈離合〉は〈関連〉性の〈変動〉と言える面があるからである。〈離合〉と〈関連〉が関連していることの反映として、同じ意味の「むすぶ」という語が両方の項に出ている。多義語がそのひとつひとつの多義ごとに別の分類項に現れることは普通であるが、このように同じ意味の語が重なり合った別項に現れることもあり得るわけである。人間の認知活動として「重なり認知」ということは十分にあり得ることであるから、こういう問題の解決も兼ねて、今後の認知体系の研究の進展に期待したいと思う。

「なおす」の意味用法

「なおす」の対象の何があるべき形・状態であるかは、対象の性質により、またその場の状況により異なる。対象の本質によって決まることもあるし、社会文化的に決まっていることもあり、またその時の特定の要請により決まることもある。これはひと言で言ってしまえば、言語使用者の常識によっているということである。その常識が人間が普遍的に持っている常識である場合には詳しく記述する必要はないが、ある文化特有の視点から見なければならない場合もあるので、そのことを忘れないようにしなければならない。例えば「ドルを円になおす／フィートをメートルになおす／華氏を摂氏になおす」という表現では、「円・メートル・摂氏」が日本で用いられている単位であるという事情が裏にある。逆の例えば「摂氏を華氏になおす」が多少不自然に響くのは華氏が日本で一般に用いられている尺度ではないことが影響しているものと考えられる。代わりに「摂氏を華氏に変える」などの中立的な表現を用いれば問題はなくなる。以下に「なおす」の多義を代表的な用例によって示す。

なおす（基本義）《あるべき形・状態にない対象をあるべき形・状態にもどす》

1〈形〉

(1)曲がったネクタイをなおす。（真っ直ぐにする）

(2)盆栽の枝ぶりをなおす。（よい形にする）

(3)服装の乱れをなおす。（整える）

(4)風で乱れた髪をなおす。（整える）

(5)姿勢をなおす。（まっすぐで均整の取れた形にする）

(6)お化粧をなおす。（取れた化粧を元通りにする。この用法は厳密には形の変化を含まないが、視覚的であるので、ここに入れる）

2〈位置〉

（7）机の向きをなおす。（その場の状況にふさわしい向きに戻す）
（8）玄関先の履物をなおす。（上がり口と直角の方向、しかも先が外に向くように揃える）
（9）立ったら椅子の位置をなおすものです。（机の下に入れる）
（10）《比喩》めかけを正妻［本妻］になおす。（正式の婚姻関係におく）
（11）臨時雇いを正社員になおす。（正式の雇用関係を結ぶ）
（12）遅れてきて下座に座っていたお客を上座になおす。（上位の座に変える）
（13）（西日本方言）道具を戸棚へなおす。（しまい込む）

3 〈状態〉
（14）機嫌をなおす。（不機嫌から上機嫌に変わる。「ご機嫌ななめ」が不機嫌を意味するところから、上機嫌は垂直状態にあると比喩的に考えられていることがうかがわれる）
（15）気分をなおす。（不愉快であったのが快活な気分に変わる）
（16）文章をなおす。（添削してよい文章にする）
（17）誤植をなおす。（あるべき状態にする）
（18）演奏会の切符を三等席から一等席になおす。（上位の等級に変える）

4 〈体系〉（言語・通貨・尺度などは体系をなすものと捉えられる）
（19）英語の文章を日本語になおす。（翻訳する）
（20）15ドルを円になおしたら幾らになる？（換算する）

(21)華氏90度を摂氏になおしたら何度になりますか。(換算する)
(22)かな書きの部分をできるだけ漢字になおす。(書き改める。「かな」は今も「仮の文字」という感覚を保っているためか、「漢字を仮名になおす」とは言いにくい)
(23)旧漢字を新漢字になおす。(書き改める)

5 〈機能〉
(24)車の故障をなおす。(修理する)
(25)雨漏りのする屋根をなおす。(修繕する。雨漏りがしないようにする)
(26)病気をなおす。(元の健康状態に戻す)
(27)虫歯をなおす。(正常な状態に戻す)

6 〈行動〉
(28)悪い癖をなおす。(取り除く)
(29)英語の発音をなおす。(標準的な発音に近づける)

以上の単独の用法のほかに、補助動詞としての用法がある。言い間違ったときに「言いなおす」、飲み足りないときに「飲みなおす」、読みが不十分と感じたときに「読みなおす」のように用いられる。「―なおす」の部分の意味としては、〈ある行動が間違いであったときに訂正したり、あるいは不十分であったときに続行する〉と記述される。

【ながれる（流れる）・ながす（流す）】

「川」の多義性と認知要素

「流れる」という動詞の意味・用法を記述しようとすると、用例として「川が流れている」のように「川」を用いるものがしばしば出てくる。そこで「流れる」との関連で「川」の意味を詳しく考察したところ、「川」を多義と考えないと諸用法をうまく説明できないことが明らかとなった。つまり「川」は〈地上の帯状のくぼ地〉という場所的な要素と、〈そこを流れる水〉という内容的要素の二つが合わさったものであるということである。この元には人間のそういう認知があることは言うまでもない。通常はその二要素が同時に認められるが、「日照りで川が涸れた」という時は、流れる水が一時的に消滅していて、場所だけが残っているわけである。「曲がりくねった川」という時は、場所としての「川」の形に心的な焦点が合わされており、「流れの速い川」という時は、内容の水流の方に焦点が合わされている。このような心的焦点の移動によって生じる多義性を何らかの形で記述しなければならない。場所的要素を〝L〟（=locus）で表し、内容を〝C〟(=content) で表すとすると、次のように分析するのが一案として考えられる。丸括弧はその要素が背景化 (back-grounding) されていることを意味する。

[LC]　野原を一本の川が流れている。
[L (C)]　曲がりくねった川。
[(L) C]　流れの速い川。

ここで示したL、Cは認知要素である。意味格に近いが、意味格が動詞との相関関係に基づいているのに対して、認知要素は人間が直接に認知するものである。両者の関係についての考察は将来の課題としておく。ここでは取りあえず認知要素は大文字のアルファベットで示しておく。

ここで参考のために「川」について国語辞典の記述を調べてみたら、この二つの要素をめぐって三通りの扱いがなされていることが分かった。

I　場所要素を中心に取り上げている辞典
(代表例)『広辞苑』地表の水が集まって流れる水路。
この型に属する辞典　『岩波国語辞典』『旺文社詳解国語辞典』『角川必携国語辞典』『新選国語辞典』『新潮現代国語辞典』『大辞泉』

II　内容要素を中心に取り上げている辞典

（代表例）『学研国語大辞典』地表の水が（多量に）集まって、くぼ地にそって流れているもの。

この型に属する辞典　『学研現代新国語辞典』『現代国語例解辞典』『大辞林』『日本国語大辞典』。

III　場所と内容の両方を取り上げている辞典

『三省堂国語辞典』地上を、広くしぜんと流れる水（の道）。

『新明解国語辞典』地上のくぼんだ所へ集まって、自然に流れ、海・湖などに注ぐ水（の道）。

この第III型が理想に近いものである。第II型では「水が涸れた川」の説明が難しい。

「流れる・流す」の現象素

自動詞「流れる」と他動詞「流す」に共通の現象素を最初に示しておく。この現象素には、前節で触れた二つの認知要素に加えて、流水に押し流される物体〝O〟（＝object）を示しておく。

［L［―C↓ O］］

［L］は川や水道管のように細長い空間のこともあり、「ゆかの上を水が流れる」のように平面

のこともあり、また「海を海流が流れる」のように液体の立体的広がりのこともある。川や水道管のような限定された空間の場合はその内容である［C］が別個に考えられるが、海のような場合は［C］は認められない。海流は同時に海の構成部分でもあるからである。

「流れる・流す」の諸用法は大きく物理的な移動を表す基本的用法と、それに基づく比喩的な用法に分けられる。まず、「流れる」の基本的用法から見てゆく。

「流れる」の用法と認知文型

「流れる」は移動を表す動詞の一つである。移動体は流動体であり、気体・液体・粒状体が普通であるが、拡張用法として、長い時間幅から見た場合の「氷河」、繁華街の人の群れ、製造工場での多数の製品群などにも用いられる。移動の様態は川の流れのように〈滑らか〉であるのが特徴的である。

次に「流れる」に見られる異なった文型を見るが、文型が異なれば表面的に多義が生じる。なおここでは今までと違って、意味格の代わりに認知要素に基づいて区別してゆく。

(1)川が流れている。［LCガV］

意味格に基づいて文型を記述すれば［対象格＋動詞］となる。「川が涸れた」という表現では、「川」は場所に焦点が合わされて、［L（C）］となっていると考える。「涸れる」という動詞の主体は水分であるが、その点を説明するために［(C)］は残しておかなければならない。

(2)大水で橋が流れた。［(L) CデOガV］

認知要素から言うと、「川」と「橋」は異なっていて、「川」が［LC］であるのに対して、「橋」は［O］である。「大水で」は原因を表しているが、認知要素としては［(L) C］である。つまり「(川を流れる) 大水」が橋を流したのである。このように見てくると、従来の意味格とは異なる認知要素というものを認める必要があることが明らかとなってくる。

(3)この海域は氷山が流れているので、付近を航行する船舶は注意が必要である。［LヲOガV］

「海域」は「は」が付いて主題化されているが、本来は［Lヲ］である。

かくして、表面的には同じ「…を…が流れる」でも、認知要素に基づく認知文型では三つの異なる文型が認められることになる。

(i)川を水が流れる。［LヲCガ］
(ii)川をごみが流れる。［LCヲOガ］
(iii)海を氷山が流れる。［LヲOガ］

［L］に付く助詞としては「を」が多いが、「に」のこともある。以下三例は『現代国語用例辞典』からのものである。

（4）川にはごみがたくさん流れていた。

（5）重い荷物をかついだ少年の額には、みるみる汗が流れだした。

（6）父親は、自分の息子の体に、生まれながら、画家の血が流れているのを知っていた。

「を」と「に」の違いはそれぞれの助詞の機能の違いに還元されるが、「に」を用いる場合は、「が」で示されるものの〈存在〉を示すことに重点があり、「を」を用いる場合は〈動き〉の方に重点があると言えよう。

「流れる」の比喩的派生義

「流れる」の比喩的派生義についてはいろいろの分類法が考えられるであろうが、いまは派生先が具体物であるか抽象物であるかによって大きく二分する方法を取ることにする。

A 具体物への派生義

具体物が派生先である場合はさらに二分される。ひとつは流体［C］によって移動させられる対象物［O］だけが取り上げられ、流体が考慮外にある場合であり、もう一つは流体が流体以外の物に変えられている場合で、この場合対象物は存在しない。

I 流体は存在せず、対象物のみが流体のように移動する場合。

(7)私は流れ流れて九州の果てまで来ました。

対象物は人間であり、はっきりした目標を持つことなく、運命のままに移住を繰り返してきたことを意味する。この意味では、「流れ流れて」という表現を取るのが普通であるので、これは連語として取り出して記述することもできる。

(8)赤ん坊は流れた。(=流産した)
(9)質に入れていた時計は流れた。
(10)会は流れた。(=成立しなかった)

(8)(9)(10)は対象物が流れ去って、存在しなくなる点に焦点を合わせたものである。

II 流体が流動体以外の物である場合。

(11)打球は風のためにライト方向に流れた。

(11)の打球は一見対象物［O］のように思えるかもしれないが、実はそうではなく、ボールそのものが流体［C］に擬せられていると見るべきである。その流れる、つまり飛ぶ筋道が風の影響によって期待する方向をはずれたことを意味している。

(12)テレビの具合が悪く、画面が流れる。

B　抽象物への派生義

抽象物が流動物に擬せられる場合、流動という出来事の空間的な面に焦点が置かれる場合と、時間的な面に焦点が置かれる場合とがある。

III　空間的な場合

(13)〈平面上を移動する〉妙な噂が流れている。

類例　憶測・思惑・観測・情報

(14)〈低い方へ移動して行く〉怠惰に流れる。

類例　安易・華美・贅沢

(13)の「噂・憶測」などはいずれも情報に属することであり、情報は人から人へと線条的に伝わるものであるので、「流れる」という線条的移動動詞を用いるのは理に叶ったことである。

(14)は、水が低い方へ流れるように、人間が道徳的に見て低い方向に向かうことを言う言い方である。

Ⅳ　時間的な場合＝〈継続する〉

(15)時が流れる。

(16)この作品の底には退廃的な思想が流れている。

(17)音楽が流れている。

「流れる」などの移動動詞にはつねに時間の経過が伴っているので、それを利用した用法である。(17)の音楽の場合は音が空間に拡散する面を伴っているが、「流れる」は基本的には線条的な移動であるので、これは時間的継続の点を捉えて表現しているものと見る。

「流れる」の多義体系

以上に「流れる」の多義的用法を分析的に示したが、やや煩雑になったきらいがある。そこで、比較的に簡潔な記述を示す『三省堂国語辞典』の記述を元にして、その語義を用例の形で示し、それによって多義体系を示してみたい。丸で囲んだ数字はその語義番号を示す。

①aは「頬を」という場所格表現を伴う場合として付け加えた。①と④、⑤と③のように縦線で結ばれているものは、ほぼ同じ用法であることを示している。②は道路上の車の列を指すメト

Ⅰ〈流動体が〉

- ①「水が流れる」——④「血が流れる」
  - ①a「涙が頬を流れる」
    - （比喩）
      - ②「道路は順調に流れております」
      - ⑮「テレビの画面が流れる」
      - ⑯「染色の色が流れる」
      - ⑦「ボールが右へ流れる」
      - ⑭「はずれたスキーが流れる」
    - （抽象化）
      - ⑥「時が流れる」
      - ⑧「うわさが流れる」
      - ⑨「音楽が流れる」

Ⅱ〈流動体の中を物が〉

- ⑤「木の葉が流れて行く」——③「道路が流れる」
  - （結果に焦点）
    - ⑰「赤ん坊は流れた」
    - ⑫「質に入れた時計が流れた」
    - ⑪「会が流れる」
  - ⑩「流れ流れて九州へ」
  - ⑬「怠惰に流れる」

「流れる」の多義体系図

ニミー表現である。これは基本的用法の「川が流れる」と同じ用法である。⑮⑯⑦⑭のグループは期待にはずれた出来事である点でまとめてある。

「流す」の用法と認知文型

他動詞形「流す」では「流れる」に対してさらに〈動作主〉（A＝Agent）という認知要素が加わる。その現象素は次のようになる。

「流す」の現象素

［L［─C↓ ← A
　　　O↓］］ ← A

右の図中、A↓C、A↓Oは動作主の働きかけに二通りの場合があることを示している。

（18a）土管に水を流す。［LニCヲV］
（18b）道路に水を流す。［LニCヲV］

（18a）の「土管」は水道管・パイプなどと同じく水を流すための空間であり、それに対して

「水」はC（内容）の関係にあると言えるが、（18ｂ）の「道路」は水などを流すための平面とは言えず、道路に対する「水」の関係は厳密に言えばCとは言えない。それではOと言えるかというと、そうとも言えない。OはCという流体の力によって流される物というのが拙見での考え方であるからである。いまは（18ｂ）の「水」は（18ａ）の拡張用法と考えておく。

（19）汚水を池に流す。［CヲGニV］（G＝goal）

（19）は表面的には（18）と同じく「…に…を」の文型を示すが、「池」は認知要素としては汚水が流れていく到達点であるから、Gと分析され、（18）とは異なった文型を持つと考える。

（20）罪人を島に流す。［OヲGニV］

（20）は表面的には（18）（19）と同じであるが、「罪人」はOであり、（18）（19）とは異なる認知文型を持つ。（20）では表現されないのが普通であるが、「海上」というLが裏に存在している。手段の表現として「舟で」、「舟に乗せて」などが用いられることがある。この場合、舟は海上を移動する流動体Cに準じている物であるから、舟を通じて海上というLが間接的に認知されていると言える。つまり、裏にひそむ認知文型を完全に表記するならば、［OヲLCヲ手段トシテGニV］となる。

（21ａ）大水が橋を流した。［ＣガＯヲＶ］

この場合「橋」がＯであるので、Ｃの背後に川というＬが存在していることになり、認知要素を全部表記すると、［（Ｌ）ＣガＯヲＶ］となる。

（21ｂ）川がごみを川下に流す。［（Ｌ）ＣガＯヲＧニＶ］

（21ｂ）は（21ａ）に準じる文型であり、「川」はＣ（川の水）を指しており、「川下」というＧ（到達点）が表現されている。同じく「川」が用いられていても、次の文型では（21）とは異なる使われ方をしている。

（22ａ）うっかりボートを川に流してしまった。［ＯヲＬ（Ｃ）ニＶ］

この場合、「川」は川の水という流動体Ｃよりも場所Ｌとしての川を指している。この場合の「川に」は到達点Ｇと考えられないかという疑問が湧くかもしれない。しかし、この場合、放っておけばボートは川という場所をどこまでも流れて行く状態にあるので、到達点と考えない方がよいであろう。このことは次の（22ｂ）を併せ見るとはっきりするであろう。

（22ｂ）灯籠を川に流す。［ＯヲＬＣニＶ］

この場合、「灯籠」は川をどこまでも流れて行くことが期待されており、到達点は特に意識されていない。

ここで念のために「汗を流す」は二つの異なった文型に相当することに触れておきたい。その一つは「汗」が流動体Cにあたる場合で、体内から多量に分泌された「汗」そのものの肌の上の移動を指す。もう一つの文型では、「汗」は対象物Oに当たり、肌の上にすでに存在する「汗」を別の湯・シャワーなどの流動体Cによって取り除くことを指す。

「汗を流す」①〈発汗する〉［Cヲ流ス］
②〈汗を洗い落とす〉［Oヲ流ス］

②と同じ状況を表現するのに「背中を流す」と言うことがあるが、これは［Lヲ流ス］であり、さらに異なる文型に相当する。この「汗」を指すのにその存在場所である「背中」で表現するのはメトニミー表現の一つである。

再帰中間態用法

再帰中間態（国広「日本語の再帰中間態」参照）とは、底層の概念構造「動作主体が＋みずからを＋他動詞」の「みずからを」を表面構造から省いて作る「動作主体が他動詞」という表現法のことである。「波が岸に寄せる」（↑波がみずからを岸に寄せる）が典型的な用法であるが、

「流す」もこの用法で用いられる。この場合の「流す」の意味は、流れるものに一般的に見られる特徴的様態である〈ゆっくり滑らかに移動する〉である。

(23)タクシーが流す。

(24)ギター弾きが盛り場を流す。［A＋L＋V］

(25)プールでゆっくり流した。

右の例に見られる「流す」は、ゆっくりとした移動を意味する点が共通している。流しのタクシーは顧客から呼び止められるのを待ちながら走っているのであり、プールの例では人が力を入れないで軽く泳ぐことを指している。

「流す」の比喩的派生義

「流れる」の場合にまったく並行しているが、念のために代表的な用例の形で示しておく。

(26)打球をライトの方向に流す。

(27)麻薬を暴力団に流す。〈不正な方法で渡す〉

(28)音楽を流す。〈小さい音量で比較的に長時間演奏する〉

(29)情報を流す。〈伝える〉

(30)赤ん坊を流した。〈流産した〉
(31)質に入れた時計を流した。〈請け出せなくなって失った〉
(32)会議を流した。〈不成立に終わらせた〉

「流す」の多義体系

「流す」は「流れる」の使役形と見ることができ、その用法は「流れる」にほぼ並行しているが、多少異なっている点もあるので、念のためにその多義体系を示すことにする。これまでに示した諸用法のうち中心的なものを簡単な用例の形にし、それを体系化して示す。

Ⅰ〈流動体そのものを〉
- ①「水を流す」
  - ②「下水に汚水を流す」
    - ③「汗を流した」〈発汗した〉
  - 《比喩》
    - ④「打球をライトに流す」
    - ⑤「音楽を流す」
    - ⑥「情報を流す」

「流す」の多義体系図

Ⅱ〈流動体の中で物を〉

- 〈流動体が〉⑦「大水が橋を流した」
- 〈人間が〉
  - ⑧「風呂にはいって汗を流した」〈洗い落とした〉
  - ⑨≪場所目的語≫「風呂で背中を流した」
  - ⑩「罪人を島に流した」
  - ⑪「灯籠を川に流す」
  - ≪比喩≫
    - ⑫「麻薬を暴力団に流した」
    - ≪結果焦点≫
      - ⑬「時計を流した」
      - ⑭「赤ん坊を流した」
      - ⑮「会を流した」
- 〈人・物が自らを〉≪再帰中間態≫
  - ⑯「タクシーが流す」
  - ⑰「芸人が飲み屋街を流す」
  - ⑱「プールでゆっくり流す」

「流す」の多義体系図

【ならう（倣う・習う）】

「ならう」は通常「倣う・習う」と書き分けられ、辞書では両者を同一項目扱いする場合と、別項目扱いする場合とがある。以下に説明するように、「ならう」の諸用法はほぼ同一の現象素を異なったアスペクトで捉えることにより生じたものと見ることができるので、全体を一個の多義語と見ることができる。このようなアスペクトの違いによる多義を「アスペクト的多義」と呼ぶ。分析の参考として、古い用法を一瞥しておきたい。『岩波古語辞典』には次のようにある。この辞書では動詞の見出しは終止形の代わりに連用形による。

ならひ　ナライ（細部は省略）《ナラはナラシ（平・馴）と同根。物事に繰返しよく接する意》①繰返しによって馴れっこになる。なれる。②見ならって練習する。学習する。

①の意味を見ると、そこには「繰り返す」と「馴れる」という二つの要素が見られる。さらに、

繰り返す動作には「前の動作と同じこと」という要素が含まれており、前に行なったことが「見本」となっていることが分析される。このことを参考にして現代用法の全体を見渡すと、現象素として次の要素が裏にひそんでいることが見えてくる。今の場合、便宜的に言葉によって描写するが、本来は外界で行なわれる行動である。

「ならう」の現象素構成要素
(a)見本となる行動。
(b)見本と同じことを繰り返す。(過程アスペクト)
(c)繰り返しの動作を通じて技術や知識を身に付ける。(結果アスペクト)
(d)習得の手助けをしてくれる人。

古い時代には(a)の段階に「対象となる人あるいは物」があり、(b)の段階に「最初に接した人あるいは物に繰り返し会う」という要素が加わっていたが、現在はこれは「なれる」によって表現されるようになり、「ならう」からは消えている。

高度の技術や知識が対象の場合は、習得者はひとりで見習うだけでは十分に効果が上がらないので、助力者が必要になってくる。これが(d)である。助力者は習得対象である素材の提供者でもあるのが普通である。

助力者	見本	繰り返す	結果		
	○	○		倣う	
○	○	●	○	習う	（過程に焦点）
○	○	○	●		（結果に焦点）

「ならう」の現象素

「ならう」の現象素が意味するところは、「倣う」〈ある事を見本として、それに従う〔岩波国語辞典〕〉では「見本」と「繰り返す」の要素のみが関与しており、「習う」〈繰り返しやってみて（知識・技術を）覚え、身につけるようにする。また単に、おそわる。教えを受ける。〔岩波国語辞典〕〉では「助力者・見本・繰り返す・結果」のすべての要素が関与しているが、状況によって繰り返す過程に焦点がおかれる場合と、習得という結果に焦点がおかれる場合が区別される。また助力者と見本についても、状況によってどちらか片方に焦点がおかれ、焦点がおかれない方は表現されないことがある。

（1）ピアノを三年間習ったが、全然ものにならなかった。（過程に焦点。助力者は焦点外）
（2）いま中国語を習っています。（同右）
（3）日本語がお上手ですが、どこで習ったのですか。（結果に焦点）
（4）フランス語はN先生から習いました。（助力者・見本共に表現）
（5）小学校ではN先生に習いました。（見本は焦点外）

「ならう」の対象は「倣う」では見本でよいが、「習う」では意味内容が少し変化して、「技術・知識・言語能力」などの〈習得内容〉というべきものになる。従って多義の記述にあたっては、そのような点に留意しなければならない。

「ならう」の多義記述

①［倣う］［対象ニV］人・前例などを見本として、それと同じ行動を取る。「最初は手本にならって練習するのがいい／先生にならって私も煙草をやめました／右へならえ！〈整列のときの号令〉／（比喩的）親会社が改革に踏み切ったら、子会社が一斉に右へ倣えをした／ひそみにならう」

②［習う］［人ニ／カラ対象ヲV］指導者に導かれて、対象（技術・知識・運用能力）を繰り返し学ぶ（ことによって身に付ける）。「私は兄から囲碁を習いました／いまピアノを習っています」

（慣用句）**習うより慣れろ**　人に頼って教えてもらうよりは、自分で実際に体験を重ねるほうが効果が上がる。

【ぬう（縫う）】

「ぬう」の典型的な動きは、二枚の布、切れた皮膚などを針と糸を用いてくっつけることである。縫い方にもいろいろあるが、そこに共通して見られるのは、針と糸がジグザグの動きをすることであり、これが「ぬう」の最も特徴的な点である。派生義もすべてこのジグザグの動きに基づいている。一般の辞書の記述も、結果目的語用法が見逃されがちである点を除けば、ほぼ問題がない。

ぬう［縫う］［対象ヲ（道具デ）（様態ニ）V］

①（基本義）一枚の布の表と裏、あるいは二枚の布の双方の間に糸を通した針を行ったり来たりさせて通す。切れた皮膚を一続きにするために「縫う」（縫合する）こともある。「洋服のほころびを縫う／傷口を四針縫った／ミシンで洋服を縫う／蒲団を刺し子に縫う」（参考）「くける、かがる、まつる、しつける」「運針」「空針（ソラバリ）、待ち

針」。縫い方の種類は「縫い」の項にまとめて示されている。

②a（結果目的語）［布製品ヲV］［材料ヲ布製品ニV］布などを縫う（＝①）ことによって布製品を作る。「着物を縫う／雑巾を縫う／古イシャツを雑巾に縫う」

②b（結果目的語）布を縫う（＝①）ことによって、布の表面に模様・文字などを描き出す。刺繍する。縫い取る。「このシャツの襟には持ち主の頭文字が縫ってある」

比喩義

③（様態的）物と物の間をジグザグに進む。「人ごみを縫って歩く」

④（様態的、古風）［矢などが鎧やからだをV］矢・槍などの鋭い武器が貫く。

⑤（時間的）飛び飛びにある仕事などの合間を選んでほかのことをする。「会議の合間を縫って観光をする」

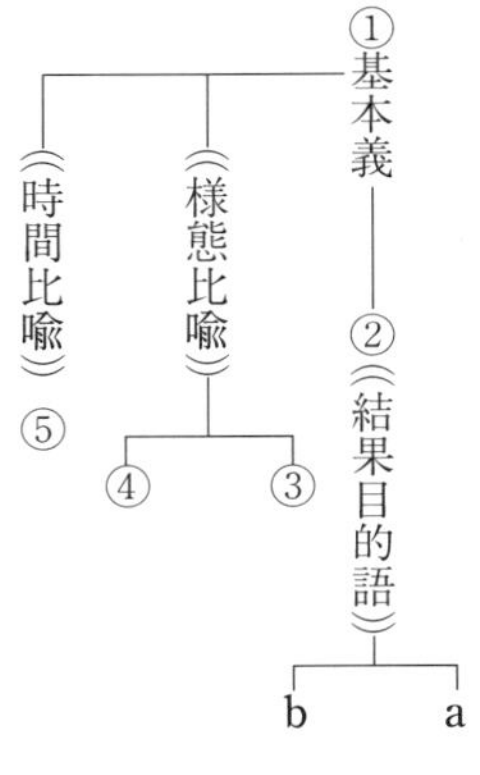

「ぬう」の多義体系図

【ぬく（抜く）】

「ぬく」という動詞の意味用法については、以前に柴田武他編『ことばの意味1―辞書に書いてないこと―』（二五三―二五五）で一応の考察を行なっている。そこでは「ぬく」の基本義について、「つまり、ヌクは、容器と内容が一体となって一つの完全な構成体をなす場合について用いられるらしいということである。」と述べている。この結論については基本的には今も変わっていない。しかし、そこでは「競争相手を抜く」、「センターの頭上を抜く三塁打」という問題のある用法について、現行のすべての辞典と同じく、他の「抜く」の用法と同列に扱っている。その後この用法は「波が岸に寄せる」の「寄せる」と同じく再帰中間態用法であると考えるようになった。ここでは特にその点に注意して記述してゆく。国語辞典におけるこの用法の扱いはまちまちである。『新明解国語辞典』はこの再帰中間態用法をまとめて自動詞扱いとし、「ぬく」の項の第一義としているが、『学研現代新国語辞典』は「左中間を抜く」の方は自動詞とし、「実力は彼を抜く」の方は他動詞用法の末尾に置いている。『三省堂国語辞典』その他のほとんどすべての辞書は他の他動詞用法と区別しないで扱っている。ここでいう再帰中間態用法というのは、「抜く」は基本的には他動詞であるけれども、底層の「主語が自らを…から抜く」の「自ら」が表現されないために、表面的には自動詞のように見えるとするものである。図6において、「瓶の栓を抜く」の「栓」は斜線をほどこした部分に当たり、「競争相手を抜く」の「競争相手」は白い部分に当たる。

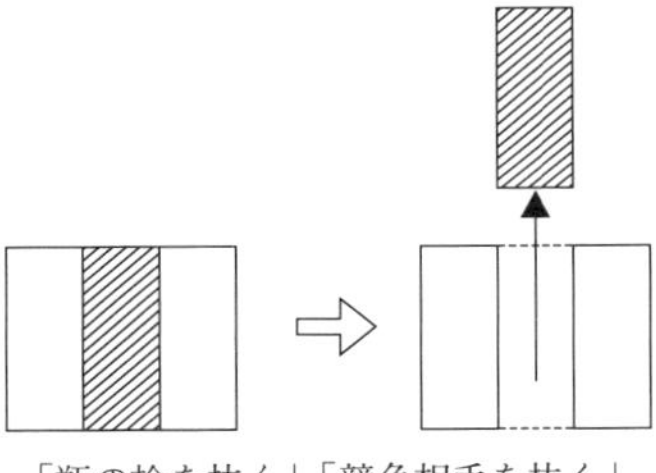

「瓶の栓を抜く」「競争相手を抜く」

図6　「抜く」の現象素

「抜く」の多義的用法

『三省堂国語辞典』の記述を中心にほかからも資料を加えて、「抜く」の多義性を簡単な用例の形で捉え、説明を加えてゆく。多義の全体は以下のように大きく四つの群に分けることができる。I 物理的な分離（基本義）。II 部分転用。III 抽象化。IV 再帰中間態。

ぬく（基本義）《本体あるいは容器からその構成的一部分あるいは内容を現象素に示すような方向に分離する》

I　物理的な分離（基本義）

（1）「刀を抜く」（『三省堂国語辞典』の①。以下丸数字はこの辞書のものを示す。）

鞘が容器で刀はその内容である。刀が鞘に納まっている状態が通常で、抜く対象物はこのように典型的には細長い物である。「抜く」が用いられる場合の前提として、抜かれる一部分は本体と密接に一つの構成体をなしているという認知があるという点が重要である。さらに、形の上では、抜かれる一部分が細長いか、本体に形状的に中心軸が通っている必要がある。

抜かれるものが細長くなくても、本体の方に中心軸が認められる場合

桶の底を抜く／指から指輪を抜く。

本体に中心軸が認められなくても、抜かれる一部分が細長い場合

虫歯を抜く／手術の糸を抜く／しらがを抜く／猫のひげを抜く。

「競争相手を抜く」のような行動を指す場合は、走っている人間の行動が直線的であるので、これが細長さに準じて認知されていると考えられる。

II　部分転用

基本義の中に含まれる〈分離〉の要素に焦点を合わせ、対象物が細長くもなく、また分離の動きが線的でもない場合を「部分転用」としてここに区別する（国広『意味論の方法』参照）。こ

の用法はさらに、分離する物が有用な物の場合は〈獲得〉となり、不要な物の場合は〈除去〉となる。これは「取る」に〈獲得〉と〈除去〉の二義があるのと平行している。〈獲得〉の場合、本体の一部を獲得するわけであるから、そこに〈選択〉の要素も加わる。

（2）〈選択・獲得〉「人材を抜く」③／「倒産を抜く」⑪

「人材を抜く」は多くの候補の中から特定の人を選び出し、獲得することを言う。「倒産を抜く」の方は新聞社の話であり、多くのニュースの中から倒産のニュースを選び出したと解するならば、ここの用例となる。しかしもう一つの解釈の仕方も可能である。それは後述の再帰中間態の用法と見ることである。つまり、〈倒産の報道に関して他社を抜く〉と解するのである。どちらかが妥当なのか、それとも構文的に曖昧なのか、いまは結論を保留しておく。類例：「さいふを抜く⑤／夫の財布から一万円札を抜く／（囲碁）相手の石を抜く」

（3）〈除去〉「ふろの湯を抜く②／空気を抜く②／しみを抜く④／骨を抜く④／文字を白く抜く／（食事療法として）料理から塩を抜く／寿司のわさびを抜く／蕗のあくを抜く」

前項の〈獲得〉の用例として「相手の石を抜く」を示したが、これは同時に〈除去〉とも捉えることができる。これは同時に認められる「多面的認知」の例と見ることができよう。

III 抽象化

抽象化はさらに二つに分けられる。一つは基本義の〈本体〉に相当するところが〈行動の体系〉であり、その一部分を「抜く」のは〈省略する〉である場合である。もう一つは、出すべき力を〈減じる〉場合である。

（4）〈省略〉「手を抜く（⑥）／昼食を抜く」

「手を抜く」というのは、何かを作るための作業手順という体系の一部を不正に省略することを指す。「手」は〈手順〉の意である。「昼食を抜く」というのは「朝食―昼食―夕食」という一日の食事体系の一部を省略することを指す。

（5）〈減量〉「力を抜く」（⑥）

これは「出すべき力」（総量）の一部を減じることを指す。

IV 再帰中間態

（6）「三人抜く（⑦）／ピッチャーのまたぐらを抜く（⑧）」

これは最初に説明したように、他動詞の特殊用法である。「三人抜く」というのは集団で競走をしている場合であり、「三人を抜く」とも言うことができる。前者の「三人」（＝三人ほど）は数量副詞であり、後者の「三人を」は場所目的語である。これは（2）の「人材を抜く」と表面上はまったく同じ構造をしているが、文法構造は異なるのであって、「人材を」の方は対象目的語であり、「三人を」の方は、〈三人分ほど共に走っているグループの中から自らを前方へ抜き出す〉ということである。このような現象の説明のためにも、一般にはあまり採用されていない「場所目的語」という概念を認める必要があることが理解されよう。

この機能の違いを図示するならば次のようになる。

「人材を抜く」
（対象目的語）

「三人を抜く」
（場所目的語）

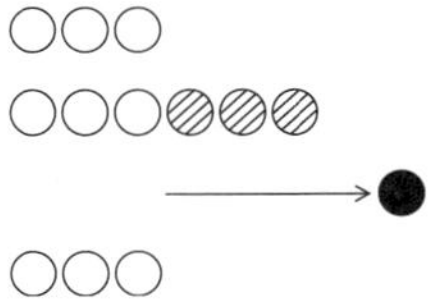

白丸はマラソンなどで一緒に走っている他の走者を指し、斜線をほどこした丸は「三人を抜く」の「三人」を示している。

「ピッチャーのまたぐらを抜く」を十分な表現に改めるならば、「打球はピッチャーのまたぐらを抜く」となる。この場合ピッチャーのまたぐらは打球を通過させてはならない境界線であり、その境界線内（＝基本義の〈本体〉）から打球がそれ自体を抜いた、ということである。

『三省堂国語辞典』が示している定義中、上に取り上げなかったものとして、「⑩（文）攻めおとす。「城を抜く」」があるが、これは現用法ではないと言えるので、省略した。以上を体系的にまとめると、次のようになる。

ぬく
- 〈分離〉①「刀を抜く」―⑨「桶の底を抜く」
- 《部分転用》
  - 〈獲得〉
    - ③「人材を抜く」
    - ⑤「さいふを抜く」
    - ⑪「倒産を抜く」
  - 〈除去〉
    - ②「ふろの湯を抜く」「空気を抜く」
    - ④「しみを抜く」「骨を抜く」
- 《抽象化》
  - 〈省略〉⑥「手を抜く」
  - 〈減量〉⑥「力を抜く」
- 《再帰中間態》
  - ⑦「三人抜く」
  - ⑧「ピッチャーのまたぐらを抜く」

「ぬく」の多義体系図

【ねる（練る）】

「練る」の意味分析はすでに柴田武他編『ことばの意味1―辞書に書いてないこと―』の「マゼル・ネル・コネル」の項で行なわれており、その結論はそのままここで採用することができる。「練る」は自動詞用法と他動詞用法に分けられるが、自動詞の方は他動詞の比喩的な派生用法と見られるので、他動詞の方から見て行くことにする。

「練る」の他動詞用法

この動詞の基本的意味は〈可塑的な物質にいろいろな角度から押す動作を繰り返し加えて、その物質を均質化する〉ということである。可塑的な物質とは粘土のようなもので、多かれ少なかれ粘性を帯びており、押して変形すると、その形は元に戻らないのが普通である。均質化ということには「前よりもよい状態にする」という価値判断が含まれている。「練る」動作の目的は、対象物を前よりもよくすることであり、その動作の目立つ特徴は〃繰り返し〃である。この二つの点があとで扱う比喩的用法で用いられる。『究極版 逆引き頭引き日本語辞典』および手元の実例に基づいて「練る」の対象物を見てみよう。

餡、雲丹、芥子、粉、小麦粉、米糠、御飯粒、バター、味噌
絵の具、香、膏薬、漆喰、セメント、にかわ、粘土、糊

「練る」が用いられる文型としては、［Oヲ＋V］のほかに［Oヲ＋Iデ＋V］（I＝媒介物 Instrument）がある。媒介物は液体であるのが普通である。

(1)近ごろ理学士藤野米吉君が、液の代わりに製菓用のさらし餡を水で練ったものの層に熱対流を起こさせる実験を進めた結果、…（寺田寅彦「自然界の縞模様」）

(2)白米飯に同量の小麦粉（別名・マッカーサーのプレゼント）を混ぜ、塩を振って練ればよい。このとき、鶏卵を落とした牛乳で練ることができれば言うことなしだが、［中略］修吾の家では水で練るのが普通だった。（井上ひさし「下駄の上の卵」）

(3)小麦粉をよく水で練りあげ、袋に入れ揉むと白い水が出る、…（山本周五郎「さぶ」）

「練る」は基本的には粘土のような可塑性のある物質を対象とするが、その派生的用法として、物質ではあるが可塑性のない物質を対象とする用法がある。その一つは古くからある「絹を練

る／生糸を練る」である。これは絹・生糸を灰汁で煮て、含まれた膠質を除き、手で練ったかのように柔らかくすることを言う。さらに古い用法として「錬鉄」（ねりがね）がある。これは「金属を焼いて鍛える」（『日本国語大辞典』）ということで、熱して柔らかくしたうえで二つに重ねて叩くという作業を繰り返すことが粘土などを練ることに似ていると捉えたために生じた用法であろう。

「練る」の比喩的用法

現在では「練る」はむしろ無形のものに比喩的に用いられることが多い。これは基本的用法の中に含まれる〈対象物に繰り返して手を加えることによって質を均質化し、かつ改善する〉という要素に基づいて、〈対象物に繰り返し働きかけることにより不十分な点を除いて質をよくする〉という意味を引き出したものと考えることができる。

比喩的用法は、細かく見れば〈鍛える〉と〈改良する〉の二つの場合に分けることができる。

〈鍛える〉　技、腕（技術・能力）、精神、心、心胆、武芸、兵

〈改良する〉　案、考え、計画、構想、策、作戦、策略、思案、思想、準備、スケジュール、筋、想、対策、企み、表現、腹案、プラン、文案、文章、防止策、密謀、理論

上記とはさらに異なる比喩的用法として「舟が練る」というのがある。『新明解国語辞典』に「〔釣で〕風に向かって船をこぐ。」とあり、他動詞用法の一つとされている。しかし手元の唯一の実例は自動詞用法を示している。

（4）舟は、のんびりと潮の上を練りながら、青空の遥か下に小さく浮いている。（團伊玖磨『パイプのけむり』）

（5）（参考例）釣っている間中、舟は僅かにエンジンを掛けて、潮で流されぬように、所謂〝練り〟を続けている。（同右）

右に示した『新明解国語辞典』の語釈は誤解を招きやすい。柴田武他編『ことばの意味1―辞書に書いてないこと―』で指摘されているように、また実例（4）（5）に示されているように、この「練る」は舟を進めるのではなくて、風や潮に流されずに定位置を保つように、軽く漕いだりエンジンを回したりすることを指す。

「練る」の自動詞的用法

自動詞の「練る」は人間（のグループ）が方向をいろいろに変えながら歩くジグザグ進行を指す。したがって「練り歩く」の形で使われることが多い。ジグザグ進行は直線的な道の内部で行なわれることもあり、道の内部では直線的進行であっても、角をあちこち曲がるために全行程として見たときにジグザグ進行になることもある。いずれにしてもそこに見られるいろいろな角度での動きが、物を「練る」ときの両腕の動きと似ているために、この自動詞用法が発生したものと考えられる。

「練る」を単独でこの意味に用いることはいまではやや古風な用法となっているが、次の例がある。

(6)「きょうからは、この織田信長が京の貴顕や庶民の保護者になるぞ。治安をみだす悪者は首を刎ねてくれるゆえ、善人ばらは安堵せよ」
ということを宣布するつもりであろう。馬に乗って都大路を練ったときの扮装こそ異様であった。(司馬遼太郎『国盗り物語』)

(7)藤左衛門は、辻々を練り、呼ばわって歩いた。(同右)

次に「練り歩く」の例を示すが、「練る」単独の用法の場合も含めて、全体に、これは観衆に見せるための行動である点が特徴である。『新明解国語辞典』がこの用法を「(人に見せるために、行列を作って)ゆっくり進む。」と記述しているのが注意される。ただし、先の例(6)(7)、や次の(8)に見られるように、ただ一人の場合もある。

(8)上水の両側に群る人々の間を酔っ払って練り歩いたり、(上林暁『聖ヨハネ病院にて』)

（これは千鳥足の点を強調するために用いた例であろうか。）

(9)街は驚くほどの人出で、ことに各町内の山車が勢ぞろいして練り歩く大通りは、身動きもならない雑踏だった。（石坂洋次郎『石中先生行状記』）

(10)東京の街々を教師たちのデモ行進が練り歩いているとき、（石川達三『人間の壁』）

(11)十月初旬、長崎の町では、諏訪神社のおくんち大祭がひらかれ、華かな踊りの列が町々を練り歩き、笛や太鼓やチャルメラの音がにぎやかに流れた。（吉村昭『戦艦武蔵』）

(12)また、祝祭の日の都大路を練り歩く緋衣黒衣の男たち、雪の降る庭で行なわれる宮中の秘儀。（田辺聖子『新源氏物語』）

「練りまわる」、「練り出す」という用例もある。

(13)敵の動かぬなかを、三万の織田軍が地を這う巨竜のように国中を練りまわった。（司馬遼太郎『国盗り物語』）

(14)そのうち、どこかで聞こえていた笛・太鼓の囃子がしだいに近づき、行列の先頭が十字路を折れて大通りに練り出して来るのが見えた。（石坂洋次郎『石中先生行状記』）

多義体系

上に記述した五つの意味を代表的な例の形で示すと、次のようになる。

129 ―― ねる

①餡を練る。
②構想を練る。
③技を練る。
④舟は練りながら浮いている。
⑤行列は町中を練り歩いた。

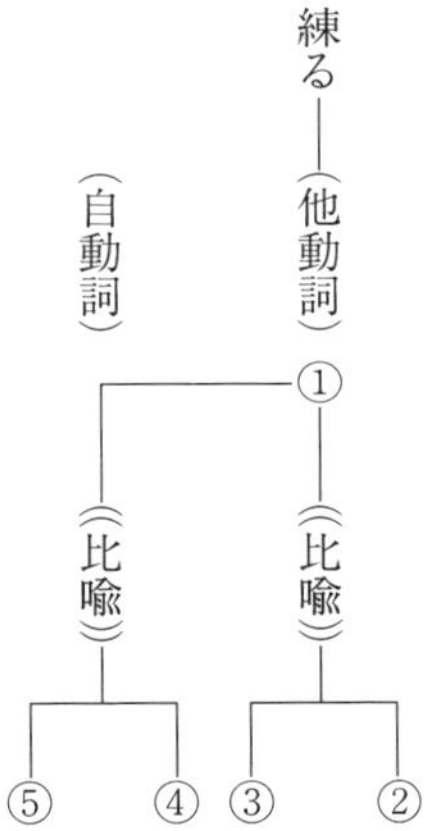

【のこる（残る）】

自動詞「残る」に対して他動詞ないし使役形として「残す」がある。両動詞の意味・用法はほぼ平行しているので、ここでは「残る」の方だけを取り上げる。「残る」についてはすでに柴田武他編『ことばの意味1―辞書に書いてないこと―』において「あまる」と対比させながら分析が行なわれている。そこに示された分析は次の通りである。

Tiにおけるある状況（あるいは量的に規定し得るもの）と、〈時間・環境の変化〉Ti→Tj（あるいは思考作用）に伴うXの減少とが前提となって、Tjにおいて（Xに含まれていたもののうち）xのみが存続することと言える。（柴田武他編『ことばの意味1―辞書に書いてないこと―』二八五―六）

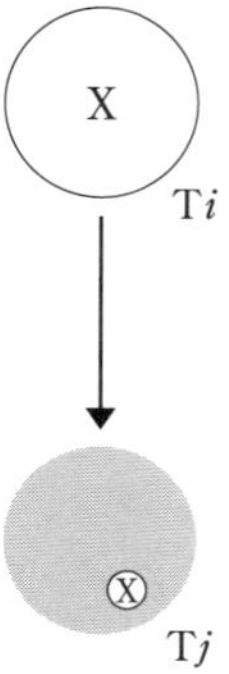

図7

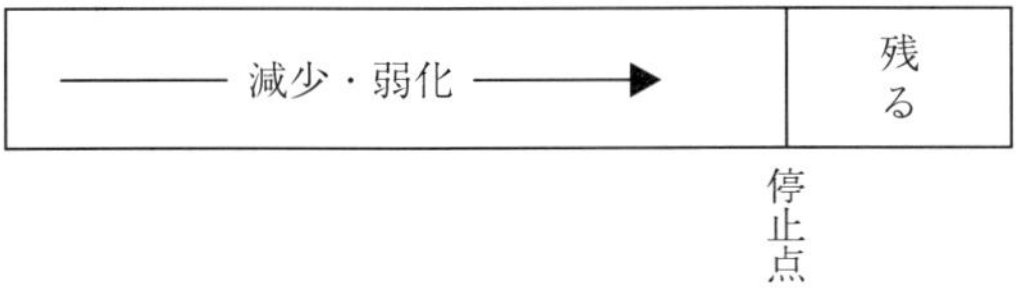

図8

この分析に明記されているように、「残る」の重要な前提は、時間の経過が含まれているということである。もう一つの前提として、時間の経過に伴って、Xという量が減少して行くということがある。〈量Xの減少が進んでゼロになる前に量xの状態で停止する〉というのが「残る」の基本的意味（＝意義素）である。そして〝x〟が「残る」の主語になる。

（1）教室にはまだ学生が残っている。
（2）西の空にはまだ明かりが残っている。
（3）社員は全員帰宅せずに残っていた。

（1）のように可算名詞が主語のときは、その数の減少を指し、（2）のように「明かり」という性質が主語のときは、その程度が弱まることを指す。（3）では数の減少が見られないが、これは例外的な場合であり、〈数の減少が期待される場面であったにもかかわらず、その減少は起こらなかった〉ということである。「残る」に伴う数量・状態の変化のありさまを違った角度から図示すると、図8のようになる。

（4）海岸地方には朝方まで雨が残るでしょう。

（4）では、降雨という出来事が主語になっている。これは、他の地域では雨がやむけれども、海岸地方ではやまない、ということである。出来事主語のときは「残る」は〈出来事が続く〉という意味になる。ほかの出来事としては、「風習・癖・習慣・制度」などがある。

「残る」の文型

「残る」事物はその存在場所を必要とする。それは「〜に」（まれに「〜で」）という副詞句で表現されるが、用いられる文中の位置としては、主語の前と後ろの両方の場合がある。この語順は文脈中の関係、話し手の重点の置き方により左右されると見られるので、「残る」の文型としてはどちらを主とするわけにもいかない。三つの場合がある。

A　［主語ガ場所ニ残る］

（5）英子はいわれるままに出て行き、多津子は風邪気味だといって部屋に残った。（石原慎太郎『化石の森』）

（6）その中に一本の際立って若い、青いつややかな竹が目に残った。（三島由紀夫『金閣寺』）

（7）光秀は京に残った。（司馬遼太郎『国盗り物語』）

（8）あの情なさと屈辱の感情は、永く私の中に残った。（五木寛之『風に吹かれて』）

B

［場所ニ主語ガ残る］

（9）路辺や陰に雪が残っていたが、道は乾いている。（加賀乙彦『湿原』）

（10）加藤は部屋の中を見廻した。押し入れに古新聞紙が二枚ほど残っていた。（新田次郎『孤高の人』）

（11）最近誰か人がここへ来たかもしれないと思った。小屋の内部に、それらしい跡がいくつか残っていたことと思い合わせて見た。（同右）

（12）立っている幹はもうぼろぼろになっていて、見ると朽ちた木の割れ目の中、上下に黒く焦げた筋が残っていた。（高田宏『森のいのち』）

C

［場所ニハ主語ガ残る］

（この文型では「は」の提題性によって「に」の句が文頭に出されている）

（13）空に渦巻き状をしたねずみ色の高い雲がある。そこには夕暮れの光が残っていた。（阿川弘之『空港風景』）

（14）これはその漁港には昭和の初めまで残っていた制度だ。（小川国夫『出発の不安』）

（15）私の唇にはまだ彼女の唇の感触が残っていた。（村上春樹『世界の終りとハードボイルド・ワンダーランド』）

（16）多くの日本人が足をかけたため、銅板をかこんだ板には黒ずんだ親指の痕が残っていた。

（遠藤周作『沈黙』）

なおこれは文型とは関係がないが、「残る」の意味の反映として、「まだ」が併用されることが多いことをここで指摘しておきたい。冒頭の用例（1）（2）および次節の一四例中の九例にそれが見られる。

「残る」の文脈的な意味

「残る」の基本義についてはすでに冒頭で説明したが、この動詞が実際に用いられる場合にはいろいろと異なった意味となって現れる。一般の国語辞典でも五つから七つの意味が分けられている。しかしこの異なった文脈的意味は、主語が指す事物の性質の違いによって生じるものと言うことができる。次にその分類の一例を示す。

基本文型　［（Xのうちの）　xが残る］

（17）人間：「この東京の焼跡にも、こういう人達が、まだ残っていいたかと、思うんですよ」

（大仏次郎『帰郷』）（他の人達は移動して姿を消しているが）

（18）物：坂上のほうの木には、まだ葉が残っていいたが、薄くまばらで、かえって寒々しかった。（川端康成『並木』）（他の葉は姿を消したが）

(19)液体：三合七勺瓶には、中身がまだ三分の一ぐらい残っていた。（井伏鱒二『黒い雨』）
（他の部分は消費されたが）

(20)表情：園田の顔には笑いがまだ残っていた。（山本有三『波』）（笑いの表情はだいぶ薄らいだが）

(21)感覚：口の中にはまだ軽い苦みが残っていた。（渡辺淳一『花埋み』）（苦みはだいぶ薄らいだが）

(22)映像の記憶：女が笑ったとき、また八重歯が覗き、それが栄二の目に残った。（山本周五郎『さぶ』）（映像の現物は姿を消したのに）

(23)明るさ：空にはまだ明るさが残っていた。（丹羽文雄『南国抄』）（明るさはだいぶ薄らいだが）

(24)状態：頬に当たって流れて行く風には、春の朝のまだうそ寒い湿りけが残っていた。
（福永武彦『草の花』）（空気中の湿りけは目に見えないので状態としたが、物と考えることもできる。湿り気が消えないでということ）

(25)空間：（行司の言葉）残った、残った！（図8に基づいて言えば、左端が土俵の中央で、右端がふちの俵である。力士は相手に押されてふち俵の近くまで下がったということである。これが本来の意味であるが、これは観点を変えれば「まだ勝負がつかない」ということであるので、そこから土俵上のスペースとは関係なく、相手が仕掛けた技がまだ決まら

ない状態も指すようになっている）

(26)時間：前刑の残りを含めて刑期はまだ十箇月残っていたが、（加賀乙彦『湿原』）（すでに何箇月か何年か刑に服したが、まだ服すべき刑期がある）

(27)記憶：少年工のこの独り言は後まで私の心に残った。（志賀直哉『灰色の月』）（記憶は消えて行く可能性があるが、消えずに）

(28)歴史：あのまま行けば、わしの名前は日本野球史に残っただろう。（井上ひさし『下駄の上の卵』）（歴史の記述から時間の経過とともに消えていかないで。(27)の記憶の社会版）

(29)出来事：（天気予報）雨は午前中まで残るでしょう。（続くでしょう）

(30)習慣：もうどこで昼間の時間を過ごしても同じようなものだが、それでもこの仮の宿に戻る習慣はまだ残っていた。（池澤夏樹『最後の一羽』）（習慣・風習などは時間の中で続行されるものであり、途切れる可能性も含んでいるが、途切れずに続行されたの意）

以上に列挙した意味は大きく次のようにまとめることができる。

A　数量が減少して無くならないで。（17、18、19）

B　程度・性質が弱まって消えないで。（20、21、22、23、24）

C　連続体の一部が消えないで。（25、26）

D　連続性が消えないで。（27、28）

E　続行する出来事が中断しないで。（29、30）

これを更に体系化すると次のようになる。

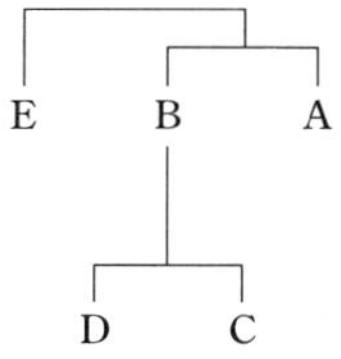

「残る」の多義体系図

【のぞく（覗く）】

「覗く」の自他の区別

「覗く」について大部分の国語辞典は自他の区別をしている。[3]「唇から白い歯が覗く」のような物主語の場合を自動詞とし、そのほかの人間主語の場合はすべて他動詞としている。しかし実例を検討してみると、ことはそれほど簡単ではないことが分かる。『計算機用日本語基本動詞辞書IPAL（Basic Verbs）―辞書編―』（以下『計算機』と略す）の分析は多くの国語辞典の記述を集大成した形になっており、かつ名詞の意味格と文型が明示されているので、考察の出発点として使わせて頂くこととする。ただしここでは見やすいように表記の仕方を簡略化して示す。アルファベットで略記された意味格は日本語に直す（HUM＝人間、CON＝具体物、LOC＝場所、ABS＝抽象物）。

のぞく（『計算機』）

1　自［場所カラ具体物ガ］〈何かの一部分が見える〉「彼のポケットからハンカチが覗いていた。」「雲の切れ目から月が覗いた。」

2　他［人間ガ場所ヲ］〈穴やすきまなどを通して、反対側の様子を密かに見る〉「変な男が家の中を覗いていた。」

3　他［人間ガ具体物ヲ］〈穴などの中を見る〉「彼は望遠鏡を覗いた。」

4　他［人間ガ場所ヲ］〈そこに立ち寄る〉「彼は暇があると古本屋を覗く。」

5　他［人間ガ（場所カラ）場所ヲ］〈高い所から身を乗り出して下を見る〉「彼女はがけの上から谷底を覗いた。」

6　他［人間ガ抽象物ヲ］〈他人に知られていない事をこっそり知ろうとする〉「彼は何かにつけ他人の私生活を覗く。」

手元の「覗く」の用例は約二〇〇である。その中に「顔が覗く」の例が四例ある。『計算機』では「顔」は文型1に属させており、物扱いをされている。物と割り切ってよいかというのが第一の問題である。

（1）そのとき、ガレージの中で、何かが動く物音がした。扉の一番端が開いている。そしてそこから、だしぬけに、うす汚れた男の顔が覗いた。（北杜夫『楡家の人びと』）

（2）時間が迫って吟子は汽車に乗った。吟子の小さく整った顔が窓から覗く。（渡辺淳一『花埋み』）
（3）二階の娘の部屋の扉をノックすると、私の想像していたとはまるで違って見える娘の顔が覗いていて、私を素早く部屋の中へ入れた。（岡本かの子『河明り』）
（4）暫くして窓の戸があいて、そこへ四十恰好の男の顔が覗いた。（森鷗外『最後の一句』）

『計算機』および一般の国語辞典で自動詞扱いをされている用法では、そこに示された実例から察すると主語は無意志のものという了解が裏にあると思われる。『計算機』では「顔」のほかに「ハンカチ、太陽」が挙げてあり、他の辞典には「品、下着、晴れ間、白髪頭、屋根」などが示されている。しかし右の四例の「顔」は人間の一部としてメトニミー的に用いられているとも考えられ、文脈から見て、有意志動作を行なっていると見られる。そうすると、文型を［場所カラ具体物ガ］とすることが問題となってくる。例（3）（4）では［場所カラ］が欠けているが、これをどう見るかということも問題になってくる。新しい文型として［（場所カラ）人間ガ］を認めることも考えられる。意味は〈人間が限られた空間、空き間からその先を見ようとして顔あるいは姿をあらわす〉となる。しかし実際はそう考える必要はない。あとで分かるように「人が外を覗いている」は自動詞用法と考えられるので「顔が（外を）覗く」はそれと同じと見ることが可能となる。

[〜覗クト（文）] の表現

次に、文型としては「覗く」と同じであるけれども、「覗く」の意味に若干のずれが認められる一つの表現型として「〜覗くと（文）」がある。またこれは「覗く」の意味についての洞察の手掛かりともなりそうである。文型上主語まで省かれることがあるが、省かれた主語は人間であるとするのがデフォールト解釈であろう。ここの「覗く」の意味は〈限られた空間・空き間に近づいてその向こうを見る〉ということである。こう考えると、『計算機』と同じように文型1に属させることは難しくなってくる。この表現では、あとに続く文表現がそこで目に捉えられた光景の描写となっている。この接続助詞「と」を伴う用法は、「を覗くと」の形でも用いられ、例はかなり多い。全体で二〇〇例中七〇例を数える。

A [場所カラ覗クト]

(5)船窓から覗くと、無数の島々の間を、船が通っているので、海面は、油を流したように、平であった。（獅子文六『娘と私』）

(6)開かれたドアからそれとなく覗くと、定刻だというのにまだ立っている者などがいてざわついている。（藤原正彦『若き数学者のアメリカ』）

(7)夕暮れになる頃、ふたたび格子から覗くと、蓑姿の男はまだ辛抱強く、雨にぬれたまま動かない。（遠藤周作『沈黙』）

（8）笹藪から覗くと、艶かしい女の笑い声が聞こえて、今度現われたのは二人連れの客だった。（石坂洋次郎『石中先生行状記』）
（9）几帳が無造作に引かれて、すき間ができているので、そこから目をとめて覗くと、宮は頬杖をついて、物悲しそうに沈みこんでいられた。（田辺聖子『新源氏物語』）
（10）門前には大篝が焚かれて、赤い火花が焔に交って立ち昇っている。ひょいと覗くと門内も同様一帯は代赭色に明るい。（子母澤寛『おとこ鷹』）（この例では「場所から」が欠けているが、文脈からそれは「門から」が省略されたものと推定できる）

B［人間ガ覗クト］
（11）尾島は窓を開けて覗くと、「うちの社員たちだな。私を歓迎しようと待ってくれているようです」（赤川次郎『女社長に乾杯！』）
（12）少年が、そっと近付いて覗くと、舞姫―惟光の娘―は、疲れたのか、物憂げに、物に寄りかかっていた。（田辺聖子『新源氏物語』）

ついでに右に触れた自動詞用法と平行した他動詞用法を見ることにする。その理由は、右の自動詞用法は以下の他動詞用法から［場所ヲ］の部分が省略されているだけで、全体の意味は両者平行していること、つまり同じであることを示すためである。意味的にいうと、［場所ヲ］が表現されてもされなくても「覗く」の意味は変わらないのであるから、このような文型の違いはあまり重視する必要がないことになる。どういう場所を「覗く」のかは、前後の文脈を見れば明らかであるのが普通であり、特に表現したいと考えたときだけ表現されるに過ぎない。

C〔場所カラ場所ヲ覗クト〕

(13)手摺から下を覗くと、それでもあちこちに人影が坐っていないこともなかった。（北杜夫『楡家の人びと』）

(14)外から門内を覗くと、人も留守かと思うくらいに寂寞としていて、前栽の庭木だけが夏の勢いで繁っている。（大仏次郎『帰郷』）

D〔場所ヲ覗クト〕

(15)ふと、気になって、雪夫人の部屋を覗くと、まっ暗である。（船橋聖一『雪夫人絵図』）

(16)念のため、門を開けて、外を覗くと、誰もいず、初夏の暖かい風が、朧ろ月で、薄明るい街路を、吹き抜けていった。（獅子文六『娘と私』）

(17)不審に思って中を覗くと、一万円札が十枚入っていました。（宮本輝『錦繡』）

(18)雨が一日降り続いた。夜、ふと目を覚まして窓を覗くと青白い光が見える。（加賀乙彦『湿原』）

(19)彼女が、烈しい腹痛に襲われていると思い、顔を覗くと、べつに、苦痛の表情はなく、目を閉じていた。(獅子文六『娘と私』)

[場所ヲ]の性質

以上に示した「場所を覗く」という用法は一般に他動詞扱いをされているわけであるが、その裏にはおそらくここで用いられた場所名詞が「覗く」という動作の直接の対象であるという解釈があるものと思われる。しかし上の「場所を覗く」という表現をよく見ると、「覗く」動作の真の対象はあとに描写されている光景なのであり、「を」の前の名詞は動作が向けられる漠然とした方向あるいは空間であるか、視線の通過点(「窓を覗く」など)を示しているのだということが分かる。次に示す具体物を指しているように見える場合も、実はその詳しい内容を知ることが目指されているのである。

(20)特に、隣の学生の答案を数秒間だけ横目で覗く、などというのは、捕らえ出したらきりがないほどよくあることなので、私などはゴホンと大きな咳払いをするくらいで収めてしまう。(藤原正彦『若き数学者のアメリカ』)(答案の中身が対象)

(21)夜晩く鏡を覗くのは時によっては非常に恐ろしいものである。(梶井基次郎『泥濘』)
(鏡に映る自分の顔が対象)

(22)後には、銀ぶらのかわりに、映画を覗くか、玉を突かれた。(中谷宇吉郎)(映画の内容が対象)

(23)地図の中から山や森の情景がまるで魔法の水晶を覗くかのように見えてきたものだ。(加賀乙彦『湿原』)(水晶の中に見えるものが対象)

(24)すっかり寝しずまっている上に、軒燈のついている家が尠いので、一つ一つ表札を覗くのにも骨が折れる。(尾崎士郎『人生劇場 青春編』)(表札に書かれた名前が対象)

ほかに「顕微鏡を覗く」、「望遠鏡を覗く」がある。この場合も顕微鏡などは道具であり、対象はその先に見える像である。『計算機』では「家の中を覗く」を場所とし、「望遠鏡を覗く」を具体物として区別しているが、根本的には両者は同じ働きをしており、家や望遠鏡の中の空間にあるものを見ようとしているのである。したがって、「顕微鏡で」という言い方も用いられる。

○そこで硝子板を紙につつんで外へ出して置いてすっかり冷え切ったところを取り出し、降って来る雪をその上に受けとって顕微鏡で覗くのである。(中谷宇吉郎)

ここで更に考え合わされるべきことは、「窓を覗く」は文脈によっては「窓から覗く」とも言えるということであり、ここに窓が覗く視線の出発点ないし通過点であることがうかがわれる。

以上の考察に基づくと、「名詞を」の部分は、「道を歩く」、「空を飛ぶ」、「溝を跳ぶ」、「門をはいる」などの自動詞と共に用いられる副詞的な補語と同じ性質のものであることになる。したがって「覗く」はすべての用法にわたって自動詞であるということになる。ちなみに、同じ意味を表す英語の 'look into, peep into' の look も peep も自動詞である。

［物ガ覗ク］

従来他動詞とされてきた「覗く」が、実は自動詞であったということになると、従来自動詞とされてきた「唇から白い歯が覗く」のたぐいの用法は、人間主語を取ることを基本的用法とする「覗く」の擬人的比喩用法と考えることが可能になってくる。基本的用法では、人間が顔または目だけを現すことが多いことから、物を主語とするこの比喩用法でも、物の先端の一部だけが見えるということになる。『三省堂国語辞典』でも「(物のはし・先など)一部分があらわれる。」と記述されている。この点を確認するために、用例の一部を示しておこう。

(25)たとえば豪雨が止んで、雲の切れ目から青空が覗く頃。(林不忘『丹下左膳　こけ猿の巻』)

(26)そして戸があくと、細長く狭い独房の、一番奥の壁にだけ通風の窓から青空が覗いている場所に、守屋恭吾が木の腰かけから立ち上がって、若い葉氏を見まもっていた。(大仏次郎『帰郷』)

(27)厚い流氷が割れて春の青々とした海が覗いてきたようだ。(加賀乙彦『湿原』)

(28)「……それ向こう三軒の屋根越しに、雪坊主のような山の影が覗いてら」(泉鏡花『売色鴨南蛮』)
(29)どの家の塀からも大樹が覗いていて、樹の香が鼻を透して来た。(横光利一『旅愁』)
(30)上々の天気。硝子窓から柿の葉が覗いている。(林芙美子『放浪記』)
(31)セーターはそのままもち上がり、ずり下ったズボンとの間に、おへそが覗いた。(曽野綾子『太郎物語 大学編』)

この物主語の用法で注意すべきは、どこかから「覗いている」物を見ている人間が別に存在しているということである。それはその文の表現者であるのがふつうである。

「覗く」の基本的意味(=意義素)と派生義

基本的意味を考えるに当たり、典型意味(prototypical meaning)(cf. Taylor 1989)の考え方を導入して、「覗く」の典型的な場合を考えてみる。いろいろな派生義の元として自然であるように典型を考えて行く。それは、よそのうちの塀の穴からそっと中の様子をうかがっている姿である。この姿は私の言う現象素である。これから導き出されることとして、次のものがある。

○見ようとするものは、普通にしていては、見られないものである。

○穴は一つで小さいので、十分に見ることができない。見えにくい。
○目をうまく穴の位置に持っていかなければならない。
○往々にしてしゃがみ込むような不自然な姿勢を取らざるを得ない。
○こちらの存在を相手に悟られないようにしなければならない。
○見つかるとまずいので、時間は長くかけられない。

対象が見えにくい状況にあるところから、「谷底・穴蔵の底・他人の心の中」などに用いられる。時間をあまりかけられないし、さっとしか見られないことから、「古本屋を覗く」という用法が生まれる。ちょっと見るだけでは対象は十分には把握されないところから、「哲学書を覗いてみる」のような用法が生まれる。物がその一部を覗かせているときは、その全貌は分からないところから、次のような比喩的用法が説明される。

(32)底の知れない穴が、ポッカリと口を開けていて、そこから天才の独断と創造力とが覗いている。（小林秀雄『モオツァルト』）

覗くの意義素　《人間が普通では見えにくい状態にあるものを見るために、見るのに都合のいい位置に目を持っていき、不自然な姿勢を取りながら、短時間、不十分ながら対象についての情報を手に入れるために見る》

この意義素記述は、現象素を言葉で記述したものにほかならない。

【のぞむ（望む・臨む）】

別語か多義語か

「のぞむ」という動詞はふつう「望む」とも「臨む」とも書き分けられる。この二語を別語とみなすか一個の多義語とみなすかは、国語辞典によって異なっている。一個の多義語とみなしている辞典は『新明解国語辞典』『角川必携国語辞典』『岩波国語辞典』『岩波古語辞典』の四辞典で、あとは別項目扱いをしている。しかしその中でも『言泉』『新潮国語辞典』『三省堂国語辞典』『大辞泉』『大辞林』は語源的には同語であるとしている。両動詞は同源とは言いながらそれぞれの多義ははっきりと二種類に分かれている。しかしある観点に立てば、全体をひとつの多義語と見ることも可能である。『岩波古語辞典』に従えば、「臨む」という動詞は漢字「臨」を「ノゾム」と訓読みしたことから生じたものであるということであるから、当時の人々は「望む」と「臨む」に何らかの意味的な関連性を認めていたわけであり、それぞれの動詞の多義の状況も昔と今とほとんど変わっていないので、意味派生が次々に進んで現在の状況に達したというわけでもない。そのようなわけで、ここでは両動詞が単一の多義語を構成するものとして見て行く。昔の人々は同じ「ノゾム」を当てながらも、助詞を「を望む」、「に臨む」とはっきり使い分けていた点に注意したい。

「臨む」の意味派生の過程

そもそも「臨」はどういう意味を表わしていたのであろうか。その字解については漢和辞典により異なる。『字通』と『新漢和辞典』は「臥＋品」と分解し、〈臥して下界に臨む〉ことを指すとする。『漢字語源辞典』は「卧＋品」の会意で、意味は〈高きをもって下を視るなり〉であるとする。『岩波新漢語辞典』は「臣＋人＋品」と分解し、〈人が高い所から下方のいろいろの物を見おろす意〉とする。字形の分解のしかたは異なるが、字義のほうは結果的にはほぼ等しく、〈低いところを見下ろす〉と考えてよい。この意味を和語で表わそうとして「にのぞむ」を当てたものである。元々〈物事を求めて、遥か遠くまでを見る〉［岩波古語辞典］という意味であった「望む」に「に」を付けることにより、〈むかう。臨席する〉［岩波古語辞典］、〈①高い所から低い所に向かい対する。②統治者として人民に対する。③貴人が下の人のところへ行く。④その場所へ行く。⑤ある場合に出会う。際会する。⑥面している。目の前にする。〉［新潮国語辞典］という意味を表わすことになったわけである。これらの意味に添えられた用例は『源氏物語』『和泉式部集』『徒然草』などからであり、かなり古くから認められるものである。この全体を眺め渡してみると、見たり移動したりして行く対象が比較的に近くにあるものであることが分かる。これは「望む」の対象が遠くにあるのと大きく異なる点である。それは助詞「に」の力によるものであると考えると、意味派生の筋道をよく理解することができる。「に」は古い時代から現代に至るまでほぼ同じ機能を保っており、《密着の対象を示す》〔国広哲弥『構造的意味論—日英両語対照研究』二二四ページ〕ということができる。その対象は場所・状態・物などであるが、密着ということは、対象が近くにあって初めて確かめられ、表現され得ることである。このように考えて初めて「望む」と「臨む」が意味的に派生関係にあることが納得されよう。密着する物とされる物との関係は、単なる位置関係・状態であることもあり、密着に向かって移動して行く点に注意が向けられる場合もある。この静的と動的なとらえ方の違いは認知意味論のいろいろな場合に広く認められる現象である。以上のように両動詞の意味の派生関係を確かめたうえで、改めてその意味の全体を体系的にとらえ直してみることにする。

多義の状況

「望む」

I 〈遠く広がった空間・景色をながめる〉

対象は「大洋・空」などの広く開けた空間であることが多く、「遠い・遥かな」という形容詞が併用されることもある。文型「人ガ（場所カラ）場所ヲ　望ム」。

（1）その墓のあるあたりから古めかしい礼拝堂の前へ出ると、遠く展けた巴里の市街を岡の上から望むことが出来た。（島崎藤村『エトランゼエ』）

（2）いざ信州へ！　彼女たちがはるかに望む信州の天地には、今何が待っているのか？（山本茂美『野麦峠』）

（3）三階には展望台があり、そこからホテルの庭を越して湖水を望む景色は、美しい。（船橋聖一『雪夫人絵図』）

（4）一九六三年七月二十一日早朝、北海道立余市高等学校の一年生だった私はオホーツク海を望む網走市内の小高い丘、天都山にいた。（毛利衛「二十八年後の皆既日食」）

僅かながら「を臨む」という用例がある。これは「を望む」と「に臨む」の混交表現と解される。つまり、何かが眺められる場所であるということと、その場所が比較的に近距離にあるということの両方を表現したいという気持ちの現われと見るわけである。

（5）その頂きに、池を臨んで古びた茶室が立っているのである。（藤原審爾『さきに愛ありて』）

（6）が、松を抜け、花圃の端に立った白い温室を臨む場所に出た時、……（野上弥生子『真知子』）

「を望む」が裏にかくれているとすると、（5）では「茶室」が何かを眺めていることになるが、これは擬人的比喩表現と見ることができる。『計算機用日本語基本動詞辞書』は「のぞむ」に九つの用法を区別しているが、その九番目がこの用法に当たり、「山荘は正面に森を望んでいる」という用例を示している。

II〈希望する〉

この意味で用いられる文型には幾つかの種類がある。主語はどの文型でも人間である。

A［人間ガ「こと」ヲ望ム］

（7）現行法のように空文化しないことを望む。（毎日新聞、社説）

（8）安らかな生を終えることを望む限り人はそうであるのほかはない。（島木健作『生活の探求』）

（9）……しかも自分の信じる価値はできる限り多くの人々に信じられているものであることを望むので、（岸田秀「価値の多様化と画一化」）

B［人間ガ出来事・状態・抽象名詞ヲ望ム］

（10）人間はだれでも安心がほしく、救いを望む。（亀井勝一郎『人間形成』）

（11）一見いかに成功し、いかに幸せに見えても、それがその人の望んだ人生でなければ、その人は悔恨から逃れることができない。（立花隆『青春漂流』）

(12)ほんとうにがむしゃらに姉は、自分の望む生活を築くために、がんばり続けたのだが、（藤原審爾『さきに愛ありて』）

(13)多分もう彼にこれ以上の愛を望むわけにはいかないだろう。（同右）

(14)そして嫌いな人の不幸を望むのは、悪に近い。（武者小路実篤『人生雑感』）

C［人間ガ人・物ヲ望ム］

(15)……しかし、彼が嘗て望んだ母親は決してこんなものではなかった。（石原慎太郎『化石の森』）

(16)「そうさ。あれ以上のお嫁さんを望んだって、なかなか、ありアしないよ。……」（獅子文六『娘と私』）

(17)彼女は、ビールより、日本酒を望んだ。（同右）

(18)「おれの肌につけたものを望んだのか」（川口松太郎『新吾十番勝負』）

(19)むしろ、消費者が望む物を、生産者は作るのです。（毎日新聞、社説）

D［人間ガ人間ニ事ヲ望ム］

(20)要するに学校教育にそんなことを望むことが無理なのだ。（中谷宇吉郎）

(21)妻が主人に出世を望む／会社は部長に問題の解決を望んでいる。（『日本語基本動詞用法辞典』）

E［人間ガ（文）ト望ム］

「ト」の前の部分は「したい・しよう」などに終わる欲求・意図を表わす文である。

(22)言い表したいものが内にありそれを正確に伝えたいと望むところから、文章の修練が始まる。（永井竜男『正確な文章』）

(23)だからこそ、私も見ておきたいと望んだのだ。（沢木耕太郎『一瞬の夏』）

(24)「妻になりたいと望んだのか」（川口松太郎『新吾十番勝負』）

(25)…もっと自信が持てるようになるまで、わたしにはかまわずにいてほしいと望むほどです。（フランク・深町真理子訳『アンネの日記』）

(26)…それはただ一日もはやく一人前の陶芸家になろうという欲望に支えられたもので、ひたすらそれをつかう人々のためになろうと望んだわけではなかった。（藤原審爾『さきに愛ありて』）

(27)内面性を失った、陰気臭い、取っつきにくいその顔は、その本の著者たちが私の言語活動に与えようと望んだイメージそのものだった。（バルト・花輪光訳『撮影される人』）

F［人間ガ人間ヲ役割ニ（ト）／トシテ望ム］

この文型の「ニ」のあとには文型Dに見られるのと同じ「したい・ほしい」などの動詞が省略

されているとみることができる。

(28)象山がお菊を見て深く思いを寄せ、いろいろな人を介して妾にと望んだが駄目だ。(子母沢寛『おとこ鷹』)

(29)友人の娘を息子の嫁にと望む。(『基礎日本語辞典』)

(30)相手が名もない家であったなら、基一郎はもちろん彼を養子に望んだであろう。(北杜夫『楡家の人びと』)

(31)孫を後継者として望む。(『日本語基本動詞用法辞典』)

(32)甥を養子として望む。(『基礎日本語辞典』)

「臨む」

すでに触れたように、「臨」の字義は〈高い所から低い所を見下ろす〉であった。その意味を「に+のぞむ」で表わそうとしたわけであるが、低い所は海とか池であることが多く、そういう場所を見下ろすにはその近くにいなければならない。そこから〈出来事の場所に近づいて行く〉という意味が派生したものと考えられる。現在の立場から現用の意味の全体を見渡すとき、「臨む」の中心義は〈ある場所の近くにいる。ある場所に近づいて行く〉であるとすると、全体がうまく繋がるように思われる。その〈近接性〉を助詞「に」はうまく表わす働きをしている。

「臨む」の現象素

「臨む」の多義を分析する場合、その現象素を基において考えると状況をよく理解することができると思われる。それは、小高い所から人が海なり谷間なりを見下ろしている図である。それを「ある低い場所の近くにいる」と静的に捉えるか、「ある低い場所に近づく」と動的に捉えるかの違いは、アスペクト的認知の違いによる。同一の動詞で両方の意味を伝えることは動詞によく見られる現象である。例えば英語の'stand'は文脈により、〈立っている〉（静的）と〈立つ〉（動的）の両方の意味を伝える。以下に示すⅠの意味は静的アスペクトの場合で、Ⅱ、Ⅲは動的アスペクトの場合である。

「臨む」は基本的には空間的な位置と移動を表わすが、移動の場合には〈意図〉の要素が加えられることがある。移動はまた時間的な推移に転義されることがある。

「臨む」の多義的意味

「臨む」の多義的意味は大きく五つに分けて考えることができる。

Ⅰ　場所・建物などが別の通例低い位置にある場所の近くにあり、その場所が見えている。
Ⅱ　ある重要な時点に近づく。
Ⅲ　ある出来事に参加するためにその場所に移動する。
Ⅳ　ある態度・態勢で出来事に参加する。

Ⅴ　ある事柄にある態度で対処する。

この全体は六つの概念要素をいろいろに結び合わせることによって形作られていると考えられる。その結び付きの程度は場合によっていろいろである。

図が表わしていることは、空間と時間はつねに結び付いているものであること、「臨む」の空間的基本義が時間義に転用されること（Ⅱ）、出来事に参加する人間はその場所に移動しなければならないこと（Ⅲ）、出来事の性質によってはある態度をもって参加すること、ある時点に「臨む」ときはそこに時間的移動つまり時間の経過が含まれること、またその時点の接近にたいしてある態度を持っていること（Ⅳ）、その態度そのものが抽象して取り上げられること（Ⅴ）、などである。

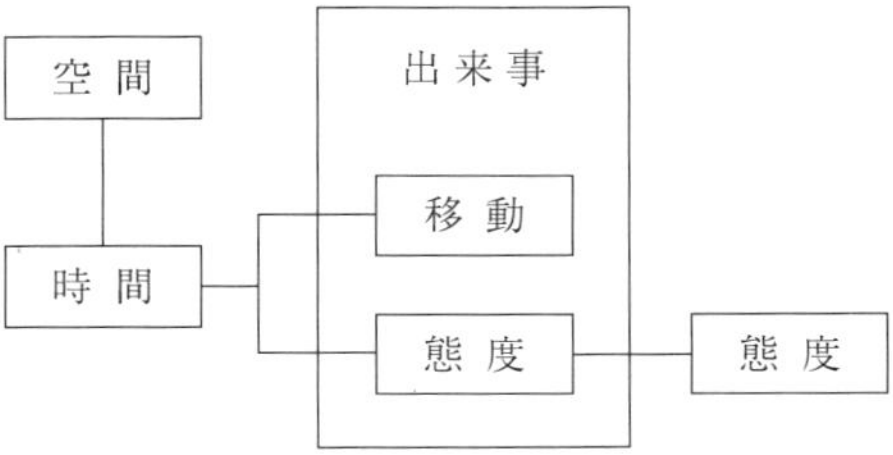

「臨む」に関連のある概念要素の図

ここで抽出した概念要素はほかの動詞の場合にも繰り返して現われる可能性があると考えられる。

Ⅰ〈場所・建物などが別の通例低い位置にある場所の近くにあり、その場所が見えている〉

主語には人間以外のものが来ることが多いが、その場合でも低い場所は見渡せるようになっている点に注意すべきである。この意味に当たる語釈としてほとんどの国語辞典は「向いている。面している。」を示しているが不十分であろう。この「見えている」の部分には元の「望む」の意味が反映していると見られる。『岩波国語辞典』の「臨む」に「目の前にする」とあるのはこの「見えている」点を捉えたものである。

(1)寺は海に臨む崖上にあった。（三島由紀夫『金閣寺』）

(2)数日前、相模湾に臨むこの小さな山の中腹に、「湘南刑務所」が開所し、（井上ひさし『ブンとフン』）

(3)「岬の蛍」では戦時中に満州に渡って辛酸を舐め、今は玄海灘に臨む村の高みの家に一人で暮らす老女が来し方を語り、胸の内にわだかまる思いのたけを訴える。（毎日新聞、読書）

(4)月が、日本橋通りの高層建築の上へかかる時分、貝原は今夜は珍しく新川河岸の堀に臨む料理屋へ小初を連れ込んだ。（岡本かの子『巴里祭・河明り』）

(5)観覧席のように河原に臨んだ斜面の林の中に、私は眼を凝らして球形の懸垂物を探していた。（大岡昇平『野火』）

(6)低地を距てて、谷に臨んだ日当たりのいいある華族の庭が見えた。（梶井基次郎『冬の日』）

(7)馬車が海岸に臨んだ高い崖の下まで行くと、（島崎藤村『エトランゼエ』）

(8)港に臨んだ丘の斜面をすっかり下り切ると、再び河口に近く架けられた弁天橋に出てきた。（島尾敏雄『単独旅行者』）

(9)町はずれの濠に臨んださささやかな家で、独り住まいには申し分なかった。（志賀直哉『濠端の住まい』）

(10)少し明るくなってから、谷川に臨んで姿を映して見ると、既に虎となっていた。（中島敦『山月記』）

(11)セエヌ河に臨んで立つ錆び黒ずんだ石の建築物はそこに大寺院としての側面を見せていた。（島崎藤村『エトランゼエ』）

(12)海に臨んで建てられた山津の家は、二階の棟上げも高く、外側の格子や柱は赤く塗られてあり、想像以上に立派なものでした。（石坂洋次郎『石中先生行状記』）

ここで例外的な実例に触れておく。「臨む」は必ず「に」をとると言ってよいが、一例だけ「へ臨む」がある。これは「に」と「へ」の機能が一部重なっているためであると考えられる。

(13)いもりだ。まだ濡れていて、それはいい色をしていた。頭を下に傾斜から流れへ臨んで、じっとしていた。（志賀直哉『城の崎にて』）

II 〈ある重要な時点に近づく〉

これは空間的用法が時間に拡大される時空間推義の例である（国広哲弥『理想の国語辞典』二一八ページ参照）。前項の用法では隠れていた〈移動〉の要素がここで現われる。この時点はそれに近づく本人にとって重要な意味を持つものであり、その心理にある圧力を加えるものである。「別れに臨んで」では別れの辛さがあり、「死に臨んで」では死への恐怖などがある。類義語として「に近づく・に当たる」があるが、こちらにはそのような心理的な圧力は含まれていない。これは空間的用法で見られたところの、対象物が目の下にあり、まかり間違えばそこに落ちて行く可能性があることが反映しているのではないかと見られる。

(14)生涯の終りに臨んで、自分をもう一度底の底まで掘り下げ、生涯抑えに抑えてきたモチーフを一切吐き出そうとする。（奥野健男『太宰治の人と文学』）

(15)そのせいか、彼女の見せた花嫁の態度というものが、一生の大事に臨んで、あまり悪びれず、落ちつきと、品位を保っているかのように私を感動させた。（獅子文六『娘と私』）

(16)「しかし、フランス人というものは、危窮に臨むとなかなか見上げたところがあると思ったね。……」（横光利一『旅愁』）

(17)歴史を学び、あるいは伝説の中の英雄物語を読み、最も日本人らしい人間はこういうときどう行動するだろうかと考えると、特に危機に臨んだような場合に強くなれるのである。

（山崎正和『エスニック・ジョークと文化論』）

(18)その中でなんらの危害をも感ぜぬらしく見えるのは、いちばん恐ろしい運命の淵に臨んでいる産婦と胎児だけだった。二つの生命はこんこんとして死のほうへ眠って行った。
（有島武郎『小さき者へ』）

III〈ある出来事に参加するためにその場に移動する〉

これは空間的な「臨む」を動的なアスペクトでとらえたものである。この場合には、空間・時間・移動・参加の要素が関与している。

(19)英国を公式訪問した天皇、皇后両陛下はエリザベス女王主催の公式晩さん会に臨んだ。
（毎日新聞）

(20)が、正式の舞踏会に臨むのは、今夜が初めてであった。（芥川龍之介『舞踏会』）

(21)朝早くから、化粧だの、着付けだのと、周囲から騒ぎ立てられる日本の花嫁が、魂のヌケガラのような放心状態で、式場に臨むのも、当然といえるだろう。（獅子文六『娘と私』）

(22)キルギスでは、ウズベクの軍事顧問の増強が続き、拉致現場の近くでは、両国の特殊部隊が合同の掃討作戦に臨んでいる。（朝日新聞）

Ⅳ〈ある態度・態勢で出来事に参加する〉

この意味は前項から派生したものである。人間がある出来事に参加するとき、場合によってはある態度・態勢が決まっていることがある。その方に重点が移ったのがこの用法である。

(23)「毎年、この独演会には最高の状態で臨むようにしています。」(毎日新聞、生活)

(24)……橋本龍太郎政権に対する閣外協力を解消して、野党の立場で参院選に臨む方針を確認した。(毎日新聞、社説)

(25)来年の春闘で、日経連はこれまで以上に「ベアゼロ」という考えを強めて交渉に臨んでくるだろう。(同右)

(26)与党三党の間で懸案となっていた二大問題はこれで片付き、与党は野党との国会論戦に臨む態勢を整えたことになる。(同右)

Ⅴ〈ある事柄にある態度で対処する〉

この意味は前項Ⅳに繋がったもので、重点がずれたものと見てよい。ある場所への移動の要素が薄れ、心的な態度に重点が移っている場合である。その態度は、「……で・……をもって」などの形で文中に表現されることが多い。これは意味の抽象化の一例とも言える。

(27)石中先生は、いつも、中腰の不安定な格好で生活に臨んでいる。(石坂洋次郎『石中先生行状記』）
(28)長井家は、土岐家の支族としても最大のものだから、庄九郎がこの家を継いでこの家の名において美濃の政治に臨むならば、少々の荒療治もできるであろう、と利隆はいうのだ。（司馬遼太郎『国盗り物語』）
(29)岡田中将は澤田戦訓に拘らず、同じような東洋的責任観をもって裁判に臨んでいる。（大岡昇平『ながい旅』）
(30)一度は注釈の世話になるのもよいが、あとは邪魔になるばかりであり、捨てたほうがよいくらいである。いやそれくらいの覚悟をもって書物に臨んだほうがよいというのである。（山本健吉『古典について』）
(31)私は始終自分の力量に疑いを感じ通しながら原稿紙に臨んだ。（有島武郎『生まれ出づる悩み』）
(32)「預金集めに力を入れる時代ではなく、郵貯からの流出資金の吸収には自然体で臨むことになりそうだ」（毎日新聞、経済）
(33)もっと言えば、知覚に際して私たちは過去の経験に基づく予想をもって臨んでいるのである。（中村雄二郎『感覚と知覚が開示するもの』）
(34)ああ、門前に安置せられた二個の大なる石獅よ、よくおまえたちは永い間王宮の正門を守ってくれた。寒い時も暑い時も少しもその姿を乱さずに、近づく者の心に権威を持って

<table>
<tr><td></td><td colspan="2">具体的</td><td>心理的</td></tr>
<tr><td>を望む</td><td colspan="2">眺める</td><td>希望する</td></tr>
<tr><td rowspan="2">に臨む</td><td>静的</td><td>近くに
存在する</td><td>ある態度で
対処する</td></tr>
<tr><td>動的</td><td>に近づく</td><td>参加の意図を持って
接近する</td></tr>
</table>

「のぞむ」の多義体系

臨んだ。（柳宗悦『光化門』）

(35)取り組みの甘いところに対しては一層のリストラなど厳しい姿勢で臨むべきだ。（毎日新聞、社説）

(36)「特段の事情がないかぎり、まさしく極刑をもって臨むほかない。」（同右）

「臨む」の多義体系

以上に見てきたところから、「望む」と「臨む」は意味的に繋がりがあることが明らかとなった。さらに「望む」は心理的方向性といえる〈希望する〉という意味を派生させており、「臨む」は事柄に向かう心理的な方向性を示す〈ある態度で対処する〉という意味を派生させていることも明らかとなった。そこで両動詞の多義を「具体的～心理的」という軸を中心にして体系化してみると上の表のようになる。

【のびる（伸びる・延びる）】

「のびる」の訓漢字

「のびる」については、訓漢字として「伸」と「延」のどちらを使うかという、かなりややこしい問題がある。この漢字の使い分けはかならずしも安定しているとは言えず、国語辞典における扱いもまちまちである。その扱いは四種類に分けられる。『大辞林』などは見だし語の下にまとめて【伸びる・延びる】としているのみで、語義部分では訓漢字にいっさい触れていない。『大辞泉』などは見だし語はひとつであるが、語義ごとにどちらの漢字が用いられるかを示している。『角川必携国語辞典』などは見だし語はひとつであるが、語義部分を大きく二分している。『三省堂国語辞典』などは「伸びる」と「延びる」を別見だしにしている。扱いが異なるにしても、その区別が一致していれば問題はないわけであるが、細かく検討してみると、かならずしも一致していない。例えば「よくのびる塗料」という場合、『大辞泉』と『三省堂国語辞典』は「伸」を使うとしているが、『学研現代新国語辞典』は「延」を使うとしている。また「徹夜続きでのびてしまった」という時も同じく前者は「伸」、後者は「延」である。この例では手元にも両方の実例がある（以下に示す（9）と（10）参照）。一方、時間関係の用法ではどの辞書も一致して「延」を示す。これはおそらく「延期」という漢語の支えによるものであろう。このような次第であるので、以下では実例を除き、訓漢字は用いないことにする。

「のびる」の多義

「のびる」の多義の記述に関してはどの辞典もほぼ一致している。ただし用例の解釈・分類についてはときに問題がある。本書の主眼は、多義の派生関係を明らかにすることにあるので、辞典に用いられた簡単な用例を利用しながら、考察を進めて行くことにする。

比喩的用法も含めて全体を見渡したとき、「髪がのびる」など〈細い物が長くなる〉という意味を中心に置くと、全体が無理なくまとまると考えられる。

Ｉ〈細長い物が長くなる〉「髪・ひげ・草がのびる」

ここに属する用例として「背がのびる」があり、それと似た言い方として「背骨がのびる」があるが、意味は異なっている。「背骨」の方は次のIIの用法に属する。「鉄道がのびる」、「バスの路線がのびる」はやや比喩的であるが、ここに属する。

II〈曲がっていた細長い物が直線状になる〉「背筋・背骨・腰がのびる」

この用法は意味だけを見るとIとかなり異なる。Iでは長さが変化するのであるが、IIでは長さは変わらず、形が変わるだけだからである。しかし意味論的にいうと、両者は繋がっている。背筋などが曲がっている段階では全体は「短く」見えるが、まっすぐにすると「長く」つまり「のびて」見えるということが一つ、もう一つの理由は背筋などを「のばした」結果の一直線というのはIの場合の結果の長い状態と同じであると見ているためである。つまり結果状態の一致に基づいて派生した用法ということになる。結果状態が同じならばその過程は問わないという認知方法を我々は持っている。これは国広哲弥「認知と言語表現」(第五節)でいう「痕跡的認知」の一例である。これは物の形や位置関係を、実際はそうでないのに、変化や移動の結果であるかのようにみなすことをいう(「この道は右に折れている」、「その家は表通りから引っ込んでいる」など)。以下に痕跡的認知と解される実例を示す。形が一直線であることを強調するために「ピンと、スッと」などの副詞が添えられている点に注意して頂きたい。以下の用例中、(2)と(4)がIIに属し、あとはすべてIに属する。

(1)眼鏡橋から真っすぐに伸びた道を歩きながら、道すがらの古美術店を、私たちはのぞいてみた。(林京子『ギヤマンビードロ』)

(2)おばあちゃんは昔は踊りの名手だったそうだから、背筋がピンと伸びている。(加藤幸子『夢みる雑草たち』）
（3）少女は固くしまった細い足とすんなり伸びた腕を持っているし、木登りもすれば野山も駆け巡る。（中沢けい『僕が僕という理由』）
（4）スッと伸びた背筋、（檀ふみ『春の匂い』）
（5）その防波堤は、青い入り海に一筋に延びていた。（梅崎春生『突堤にて』）
（6）ピアニストのように細く伸びたゆびだった。（新田次郎『孤高の人』）
（7）門の両翼の土塀、卵色の典雅な土塀、門から山内へとのびる敷石の道、（倉橋由美子『暗い旅』）
（8）少しは身体を動かしたい。何をしようかと地図を睨んで、谷に沿って延々と伸びる遊歩道を見つけた。（池澤夏樹『人は山に向かう』）

III〈物の表面のしわが平らになる〉「しわがのびる」

これは前項Ⅰからの派生用法であり、線的な現象を面的な現象に派生させたものである。この次元間の派生現象はあとのⅧでも見られる。

IV（a）〈（ゴムが）長くなったまま元に戻らなくなる〉「ゴムテープがのびる」
（b）〈（麺類が）茹だり過ぎて長くなり弾力を失う〉「このそばはのびている」

（a）（b）共に物が長くなった状態を捉えて「のびる」を用いているが、実際に意味するところは、物が弾性を失うことである。IIで長さの変化を仲介として形の変化を意味したのに対して、ここでは長さの変化により質の変化を意味している。そば・うどんをどんぶりの汁に入れたまま長く放置しておくと柔らかくなり過ぎてまずくなるが、その時にほんとうに長くなることを確認した人があるかどうか知らないが、柔らかいのを長くなったためと主観的に認知した結果この用法が生まれたものであろう。

V〈極度の疲労で体力を失う〉「徹夜続きですっかりのびた」

極度に疲労した場合、必ずしも横になって長く見えるような状態にあるとは限らないが、そういうことが多いので、その点をとらえてこの表現を用いるものと思われる。死体も同じような状態になり得るが、死体については「のびる」は使えない。代わりに「横たわる」、「ころがる」を用いる。

(9)草の堤に仰向けに伸びているけが人も少なくない。（井伏鱒二『黒い雨』）

(10)行き倒れの酔っぱらいが路上で延びているように、絶えず床の上に転がって宙を見つめていたウィリィ、（米谷ふみ子『遠来の客』）

VI（a）〈時間が予定・予測よりも長くなる〉「日本人の寿命は大幅にのびた」

（b）〈出来事の実現が予定よりも先になる〉「事故で出発がのびた」

この項の用法は、基本の空間的用法が時間に移された派生義の例である。（a）と（b）の違いは、（a）が二時点間の時間が連続的に認知されているのに対して、（b）では、予定の時点と実現の時点の二つの時点だけに焦点が合わされているところにある。これも言語によく見られる「点と線」の対立の問題である（国広哲弥『構造的意味論――日英両語対照研究』八八、一四四ページ、国広哲弥『意味の諸相』一一八、二四九ページ参照）。

VII〈物の表面を薄くおおう粘体の占める面が広がる〉「このワックス・ペンキ・糊はよくのびる」

この用法は粘体について用いられるものであるが、次の例は「庭園」について用いられている。

（11）彼は自分の宏大な、広々と延びて居る庭園を見ながら……（菊池寛『真珠夫人』）

これは一次元的な中心義Iが二次元に派生したものであり、同時に痕跡表現にもなっている。

以上の七つの用法は線にせよ面にせよ、形の変化に関するものであったが、次のVIIIとIXの用法では、長くなった物の到達点に重点が置かれている点で他と区別される。

VIII〈目的物に手などが達する〉「つい甘いものに手がのびる」

「のびる」の主語は「手」、手の延長である「箸」、ショベルカーの「アーム」などである。この表現は、人間の意思とは無関係に「手」などがそれ自体で動くように表現している点が注意される。これは日本語に広く見られる状況中心表現の一つである（国広哲弥「人間中心と状況中心」参照）。そこでは、実際には人間が関与しているにもかかわらず、人間を背景に押しやって表現しない。自分で転居しておいて、「今度住所が変わりました」などと言うのと同じである。

(12)誰かが怒鳴るように声をかけるのを、櫛まきお藤はあでやかに笑い返して、又しても白い手が酒へ延びる。（林不忘『丹下左膳』）

(13)平次の手はサっと延びて、お鶴の左の手首をピタリと摑みます。（野村胡堂『七人の花嫁』）

(14)そこでいそいでもう1コと箸がのびることになる。（開高健『新しい天体』）

この用法を抽象化して「手がのびる」は〈官憲の力が及ぶ〉という意味を派生している。

(15)十七万円盗難事件のあと寮母の金原園子が神田署に盗難届を出したため、捜査の手がのびると、（加賀乙彦『湿原』）

(16)大々的な検察の手が伸びることは火を見るより明らかなことだったので、（井上靖『射程』）

(17)自分の上に裁きの手がのびること、否、裁き、どんな形でも裁きというものを思いうかべたことすらなかったでしょう。（武田泰淳『審判』）

IX〈話題など抽象的なものが及ぶ〉

国語辞典にはこれに当たる用例が見当たらないので、実例を示す。

(18)夜の集まりの時、話題はそうした方面にまで伸びることがあった。（島木健作『生活の探求』）

(19)女は私の書いたものを大抵読んでいるらしかった。それで話はそちらの方面へばかり延びていった。（夏目漱石『硝子戸の中』）

こういう場合、現在は「及ぶ」を使うのがふつうで、「のびる」はほとんど使われない。

X〈能力が向上する〉「学力がのびる／成績がのびる」

XI〈成長する〉「若い人はのびる」

XII〈数量が増加する〉「輸出がのびる」「消費がのびる」

XからXIIは抽象的な比喩用法である。

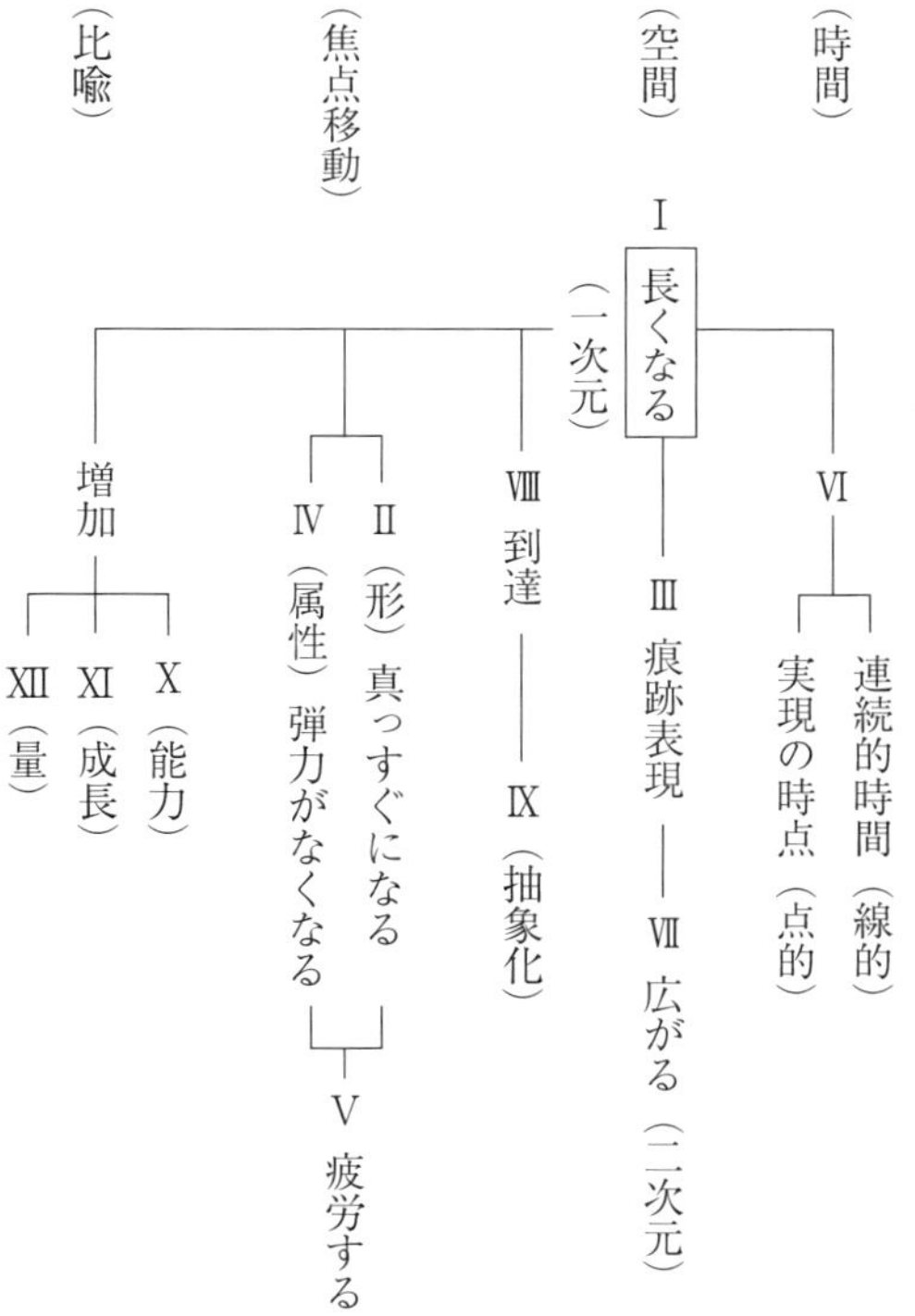

「のびる」の多義体系図

【はかる（計る・測る・量る・諮る・図る・謀る）】

多義の種類

ことがらをごく単純化していうならば、従来「多義語」とは〝意味的に関連のある〟二つ以上の意味をもつ語であると考えられてきた。しかし筆者は国広哲弥『理想の国語辞典』および本書のこれまでの考察において、〝意味的には関連がなくても同一の現象素を共有する意味〟も多義を構成すると考えてきた。そう考えることによって「取る」の〈獲得する〉と〈除去する〉、「あと」の〈跡〉、〈空間的後位置〉および〈時間的後続時〉の三義も多義として関係付けられると説いてきた。ところがいま取り上げる「はかる」の多義性を考察するに当たって、それだけでは不十分であって、過去にさかのぼることが必要であることが明らかとなった。いまは消えてしまった古義との繋がりを考慮に入れることにより、初めて現代の多義体系が明らかになることが分かったのである。言語のさまざまな現象を十分に理解するためには過去にさかのぼらなければならないことは以前から言われていたことであり、殊に歴史言語学が盛んであった一九世紀ヨーロッパ、その流れを汲む日本の言語学界でも強調されてきたことであった。ところがその風潮が下火になり、現時点での状況をまず十分に観察することを優先するようになったのは、ひとえにソシュールの『一般言語学講義』の影響によるものと考えられる。ソシュールは言語の通時態（歴史的な変化の流れ）と共時態（ある一時期の状態）を峻別し、現時点での記号の体系が明らかになれば、それで現在のことはすべて明らかになると考えたと一般には受け取られている。しかしこの点については現時点では重大な修正をしなければならなくなっている。実はソシュールは『一般言語学講義』からは省かれたところにおいて過去とのつながりを視野に入れていたことが明らかになっている。松澤和宏はその「ソシュールの現代性」において次のように述べている。

ところがソシュールによれば、言語を真に言語たらしめるものは、慣習的な反復であり、とりわけ父から息子へ、世代から次の世代へと引き継がれていく伝統という時間なのである。（中略）『講義』の編著者たちは、言語とこの伝統的時間との本質的な紐帯にまで理解が及ばなかったために、この重要な一節を採用しなかった。

多義語の分析を進めてみて、この通時と共時の峻別がいかに皮相なものであり、言語の本質を捉えていないかが明らかとなった。ソシュールの『一般言語学講義』には、言語に先立って概念を獲得することはあり得ないと断定しているところがあるが（原著一六六ページ）、二〇年ばかり前にニカラグワで発見された新しい手話の自然発生という出来事は、聾啞児たちが言語以前に概念を作り上げていたことを証明するものである（Emmorey, 2002）。ソシュールは記号と記号の対立に基づいて初めて意味の差を生み出すことが出来ると考えたと一般には受け取られているが、我々が論じる多義は記号の対立なしに生じたものである。記号と記号が対立していれば意味の差が伝えられるというのも、意味の差のはっきりしない類義語が少なくないことを考えれば、ソシュール的な考え方はいま大いに反省されなければならないだろう。

通時的考察によって結び付けられる多義は一般の日本語辞典では「同源」と言われるのが普通である。ただし、辞典ではそう言うだけで、具体的にどのように結び付けられるのかは示されていない。それをここでは考えてみようとするわけである。

「はかる」の多義

現代の日本語辞典における「はかる」の項を見ると、その多義の扱いは実にまちまちであり、共通の分類型というものは見られない。とりあえず『三省堂国語辞典』の分類を代表として取り上げるが、この分類も意味関係の観点から見ると、多少の問題を含んでいる。それにはあとで触れるとして、単純に意味だけを比べた場合、例えば「諮る」、「図る」、「測る」の間には、どう考えても意味的な関連性は認められない。それにもかかわらず『岩波国語辞典』と『大辞泉』は全体を同一項目で扱っている。意味的な関連性が認められないときは、共通の現象素を探るのが我々の方法である。しかしこのままではそれも考えにくい。そこで通時的多義の考え方を導入す

『三省堂国語辞典』

図る ①めざす。「解決を―」
②取りはからう。「便宜を―」
③考える。くわだてる。「自殺を―」

計る ①おしはかる。
②数や時間などをかぞえる。「時間を―」
③いろいろと考えて決める。計画する。
「国の将来を―」
④だます。あざむく。「まんまと計られた」

測る〔ものさしなどで〕長さ・深さ・距離・面積などをかぞえる。（用例省略）

量る〔はかり・ますなどで〕重さ・容積をかぞえる。「目方を―」

諮る 相談する。「会議に―」（下略）

謀る 計略をめぐらす。「暗殺を―」

『岩波古語辞典』

①予測する。推測する。見当をつける。
②広さ・重さ・値段などを計量する。
③よい機会かどうかなど見当をつけて、えらぶ。
④よいわるいなど見当をつけながら、論じる。
⑤もくろむ。企てる。
⑥だます。

「はかる」

ることになる。古い時代の状態を『岩波古語辞典』で見ると、古い時代からすでに現状にほぼ平行した多義の状態が生じていることが分かる。そこで、『三省堂国語辞典』と『岩波古語辞典』の記述を並べ、類似の意味を線で繋いで示してみよう。

線で繋いだ両辞典間の多義の引き当ては多少無理な点を含むかもしれないが、要は、両者がほぼ過不足なく納まることを示すことにある。ついでに『三省堂国語辞典』の多義分類の問題点に触れておく。

まず、大きく言えば〈計画する、企てる〉という意味に属させることのできる意味が三個所で別々に記述されていることがある。

「図る」③考える。くわだてる。「自殺を―」
「計る」③いろいろと考えて決める。計画する。「国の将来を―」
「謀る」　計略をめぐらす。「暗殺を―」

この三つの意味は対象の性質の違いによって生じたものと見ることができ、意義素的には一つにまとめることが可能である。もう一つ意味的にはここに属させることができるが、目的語なしに用いられるのが普通であるので性質をやや異にしているのが、「計る」の④である。受身で用いられるのが普通なので他動詞ではあるが、能動形にしたとき、どういう目的語が省略されているのか明らかでない。その点を無視するとすれば、この意味も〈相手を不利な目にあわせることを計画する〉という意味であって「謀る」と同じことになり、ここの意味群に加えられる。この非常に近い四つの意味が別々に記述されているのは、『三省堂国語辞典』が訓漢字が違えば別項立てにするという編集方針を立てているためだと考えられる。この方針はどうしてもいま述べたような問題点を抱えているわけである。

次の問題点は、意味的にはまったく同じ〈尺度に合わせて数量を明らかにする〉という意味が「計る」②、「測る」、「量る」の三項にわけてあることである。この場合、当てられる訓漢字が異なっていても意味そのものは変わっていないことが覆い隠されている。各項目の記述を見ると、「数や時間など」、「長さ・深さ…」、「重さ・容積」と異なっているが、これは目的語の意味的性質の違いが文脈に反映したものに過ぎず、「はかる」そのものの意味はまったく同一のものである。さらにこの訓漢字の使い分けは現実を捉えたものとは言えず、規範として提出することにも問題が含まれている。

たとえば「量る」は重さ・容積を対象とする場合に用いるとされているが、次の例では容積に「計測」が用いられている。

(1)広い範囲のあちこちで降水量を計測しなくてはならないし、(池澤夏樹『母なる自然のおっぱい』)

体重は「量る」のかと思うと「体重計」というし、「体重測定」ともいう。「測量」は長さをはかるのが普通である。

「はかる」の古代の多義分岐

前節で見たように、現代の「はかる」の多義はほぼそのままの形で古い時代から存在していた。したがって、このままでは多義の関連性を説明することはできない。森田良行『基礎日本語辞典』は「はかる」の諸用法を一つの基本義からの派生として説明しようとしており、その基本義を次のように捉えている。

「はかる」の「はか」は、もと〝ある範囲の量〟。その量に対して、どのくらいあるか、どちらのほうが多いかなど、およその見当を付ける行為が「はかる」である。「おしはかる」「見はからう」など現在でも使われている。（九三八ページ）

このような単一の基本義から出発する説明法は筆者が以前に採用していたものであるが、この方法には無理が伴なうことが多いので、その後採用した現象素の設定に加えて、焦点化ないしは前景化という考え方を導入して、以下に説明を試みることにする。

「はかる」の現象素

一般的に言えば、動詞の現象素は動詞の指す具体的な現象である。すでに触れた「取る」という動詞の現象素は、手で何かを捉えてその存在場所から引き離す動作そのものである。その引き離される物と人間との価値関係から〈獲得する〉あるいは〈除去する〉という意味が生じると考えることにより、この二つの意味を結び付けることができた（国広哲弥『理想の国語辞典』二二七ページ参照）。それでは「はかる」の場合はどうか。現在の用法に基づくならば、計量する動作が頻度の上で圧倒的に多いので、計量の動作を現象素にしてよいかというと、それでは多義の説明に役立たない。ここで通時的多義の考え方を導入して、できるだけ古い時代にさかのぼってみる。『岩波古語辞典』に従うと、「はかる」の成立事情は次のようである。

はかり ハカ（量・捗）の動詞化。仕上げようと予定した仕事の進捗状態がどんなかを、広さ・長さ・重さなどについて見当をつける意。

これは前節の森田良行と同趣旨のものである。しかしこれでは依然として多義の説明には十分でない。そこで動詞化の元になった「はか」について調べてみる。『岩波古語辞典』および『日本国語大辞典』の記述を総合すると次のようになるだろう。

はか 共同で田植えや稲刈りなどをするとき、予定としておおざっぱに計って定めた各々の分担範囲。

この名詞「はか」が直接に指すのは「ある区切られた空間」であるが、現象素として捉え直すと、「空間を計る行為」が前段階の行為として認知の中に取り込まれ、作業のあとに続く「分担作業を消化した段階」も認知視野の中にはいってくる。次の「はずれる」の項で触れる「予想がはずれる」などの用法でも心理的視野は未来時に及んでいるが、一般に我我の認知は現在時を中心として過去および未来にまたがっているものであるから、ここのように未来の段階に視野が及ぶことは当然である。この現象素は、心理的にいろいろな角度から捉えられ、ある部分が前景化されることが、いろいろな派生的表現から推定される。まず分担範囲を決めるときの〈測定する〉動作がある。次に分担範囲を共同作業者に振り当てる行為は〈予定する〉ことであり、また〈計画する〉ことでもある。測定する作業の場合も、昔の農作業のことであるから、あまり厳密な測定はされず、「だいたいこんなものだろうか」と範囲を〈おおざっぱに推定する〉程度であったであろうと思われる。その時にひとりの人間が独断で決めることをせずに仲間と相談しながら決めたであろうから、そこから〈仲間と相談する〉という意味が出て来ると考えることができる。

このようなさまざまな前景化の裏付けとして派生語がある。〈推定する〉に基づくのが「おしはかる」であり、〈消化する〉に基づくのが「はかどる」、「はかがゆく」である。予定通りに消化できないときは「はかばかしくない」と言う。〈分担範囲を決める〉という捉え方は見方を少しずらせば〈作業の振り当てという仕事を処理する〉行動でもあるので、そこから「はからう」(←はかりあう)〈考えていいと思うように処理する〉、「見はからう」〈適当に推定して処理する〉、「取りはからう」〈適当に処理する〉が派生したと見ることができる。

次に示す現象素図は一連の作業を時間軸に沿って「前段階——目標——後段階」と配置したものである。「各々の担当範囲」はいまの言葉で言えば「ノルマ」ということである。

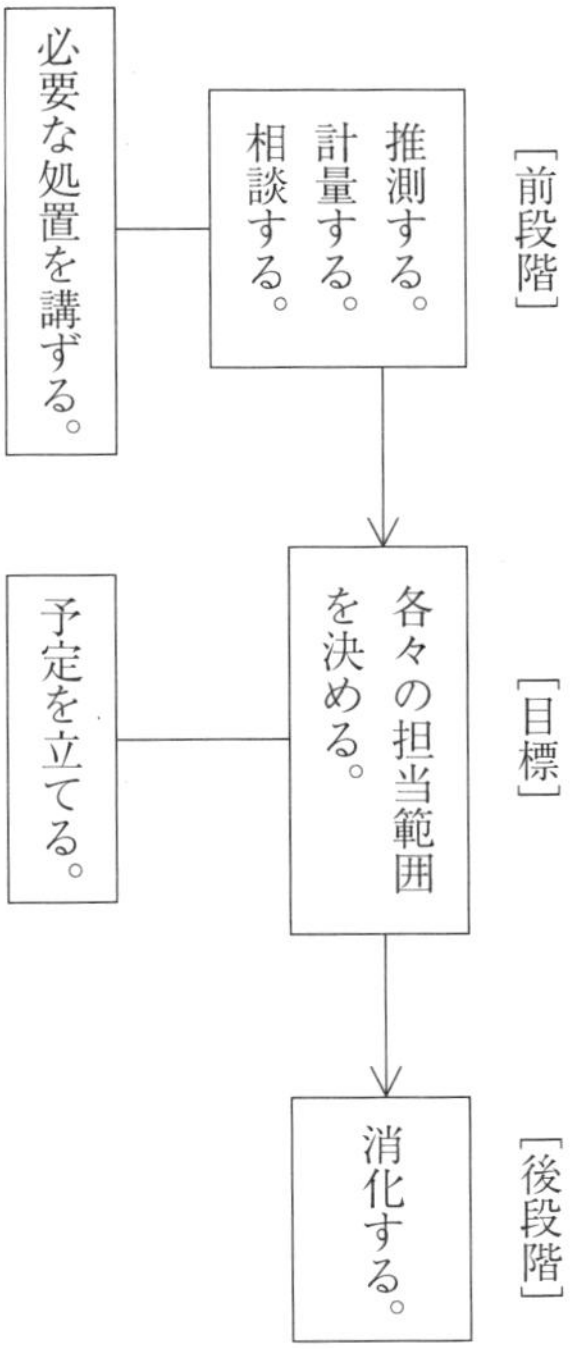

「はかる」の初期の現象素

左側に平行して示した「必要な処置を講ずる」は前段階の枠内部全体をまとめて捉え直したものであり、「予定を立てる」は目標を立てることを視点を変えて捉え直したものである。

以上のように見てくると、「はかる」の多義は通時的多義のタイプに属させてよいことになる。

現代日本語としての扱い

現在用いられている「はかる」の多義を自然な形で関連付けるには、いまは用いられなくなった古義〈各自の作業範囲を決める〉を持ち出す必要があることが分かったが、現用法だけを辞書などの形で記述する場合にどうすべきかが問題となる。処理方法は二通りある。一つは上で論じたように古義を持ち出すことで、もう一つは純粋に意味的な関連性に基づいて適宜に分類することである。その一案としては次のものが考えられる。

(a)計量する。「長さをはかる」「重さをはかる」「熱をはかる」
(b)目的達成に必要な手続きを取る。「安定をはかる」「便宜をはかる」「自殺をはかる」
(c)推測する。「相手の気持ちをはかる」「はかりしれない利益がある」「はからずも入賞した」
(d)計画する。「暗殺をはかる」
(e)相談する。「みんなにはかる」

この五つの意味は意味的な関連性を持たないのであるから、同音異義語扱いとなる。古い時代の多義語が時代と共に同音異義語群に変わった例とすることができる。

分類に当たっては、あくまでも意味を基準にすべきであって、『三省堂国語辞典』のように訓漢字を基準にすると、いろいろの混乱が生じるおそれがある。訓漢字自体が多義であることが多く、意味範囲が重なり合うことが生じるからである。

【はずれる（外れる）】

「はずれる」については国広哲弥『ことばの意味3—辞書に書いてないこと—』でいちおう分析しているが、このときは現象素的考え方を導入していなかったし、文型についての考慮も十分ではなかった。小泉保他編『日本語基本動詞用法辞典』でも扱われてはいるが、ここに見られる文型では文型要素つまり「名詞＋助詞」の名詞が単に名詞の意味的分類に基づいて用いられており、我々が用いている格文法的な意味格は導入されていない。したがって、同じ名詞でも異なった意味格を帯び得る現象を処理できなくなっている。そこで意味格と文型の記述に重点を置く立場からここで再び分析を行なうことにする。

まず、「はずれる」は非対格自動詞であり、人間の意志の及ばないところで生じる出来事を指す動詞であることを確認しておく（影山太郎『動詞意味論—言語と認知の接点—』参照）。さらに、意味格のうちもっとも基本的なものである動作主格（Agent）および対象格（Patient）と非対格性の仮説でいう項構造との関係は次のようであることを確認しておく。

	外項	内項
他動詞：	（x	〈y〉）
非能格自動詞：	（x	〈　〉）
非対格自動詞：	（	〈y〉）

外項x＝動作主格
内項y＝対象格

これが意味するところは、動作主格は表面的な文構造では他動詞、自動詞両方の主語になりうること、対象格は他動詞の目的語と自動詞の主語になりうること、の二つである。

「はずれる」という出来事の背後にある現象素は三つの要素からなっている。中心となる対象物は対象格として捉えられるので、Pで表わす。対象物は起点を離れてある位置、着点に達する。

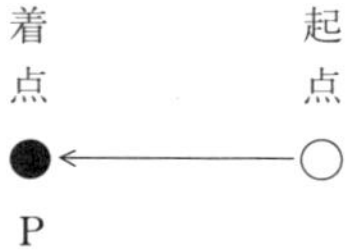

図9 「はずれる」の現象素

「はずれる」の語義は国広哲弥『ことばの意味3―辞書に書いてないこと―』（三三ページ）に記したように「物が固定していることが期待されている場所に固定していない状態になる」ということである。起点は対象物が存在すべき場所なのであり、哲学でいう当為（Sollen）に当たり、着点は現実（Sein）に当たる。[4] 対象物は元来起点の位置に存在していたものであるから、あとで述べる移動対象物用法と区別して静止対象物用法と呼ぶことにする。具体的用例は次のようなものである。

（1）シャツのボタンがはずれた。

(2)入れ歯がはずれた。
(3)(卓上電話の) 受話器がはずれた。
(4)障子がはずれた。
(5)あごがはずれた。

用例(1)~(5)は文型「PガV」に属する。この文型では起点が表現されていないが、それは対象物の性質と動詞の意味から容易に推定されるためであると考えられる。「ボタン」はボタン穴から、「入れ歯」は歯茎から、「受話器」は電話機から、「障子」は敷居から、「あご」はあご関節からに決まっている。起点が自明でない場合には「起点ヲ/カラ」が加えられ、「PガSヲ/カラV」(S=Source)となる。

(6)神社は町を「から」外れた所にある。
(7)次第に食べ終えた男たちが食卓からはずれて、部屋の隅に寝ころがったり、腹這いになったりしはじめる。(成沢玲子『フィジー島にメケを求めて』)

ここで注意しておきたいのは、「はずれた」対象物は特に限定されない限り、起点のすぐそばに存在しているということである。「町はずれ」のように名詞化して用いられる場合でも、「町の外縁に近い所」を指す。[5] この意味現象はほかの位置関係を示す語「まえ・うしろ・あと・よこ」

などにも見られ、一般的な現象であると考えられるので、まとめて「近接の原理」と呼ぶことにする。近接位置を表わさない場合は「ずっとうしろ」のように言う。

「はずれる」の対象物には抽象的なものも用いられる。

(8)音程がはずれている。

(9)四室の一戸建となると、大抵二千五百万円から三千万円以上もし、価格の点でまず対象を外れてしまう。（夏樹静子『家路の果て』）

起点の表現には［PガSニV］と助詞「に」が用いられる場合がある。

(a)人の道をはずれた行為

(b)人の道からはずれた行為

(c)人の道にはずれた行為

「はずれる」に「に」が使用可能な対象物を調べるために『小学館Bookshelfマルチメディア統合辞典』を検索して、次の結果を得た。

(10)規定、規範、社会規範、条理、人道、道徳、道理、人の道、道、目的、礼儀／抽選、くじ。

大多数を占めるのは、規範性の強い抽象概念である。規範は守るべきものであり、心理的志向が強く働いている。助詞「に」は拙見によれば、《密着の対象を表わす》ので（国広哲弥『構造的意味論―日英両語対照研究―』二二四ページ）、この場合に用いるのにふさわしい助詞であると言えよう。「礼節に欠ける」、「礼節にもとる」などの類似の表現にも「に」が用いられるが、同じ理由によるものと見られる。

派生移動用法

以上は静止対象物に関する場合であったが、これに対して移動対象物の場合がある。これは対象物Pが起点Sを目標として進んで行く場合で、Pは途中で進むべき進路から徐々に離れてある時点で着点G（Goal）に達する。PがGに達した結果段階だけを見るならば、Sにある（＝達する）べき物がGの位置に移動していることになるので、本質的には図9と同じということになる。この点を捉えて同じ「はずれる」が用いられるものと考えられる。図10の派生的現象素ではPが移動物であることに伴ってSに達する進路が付け加えられ、起点Sは目標T（Target）あるいはTを通過する進路C（Course）に変わる。文型は静

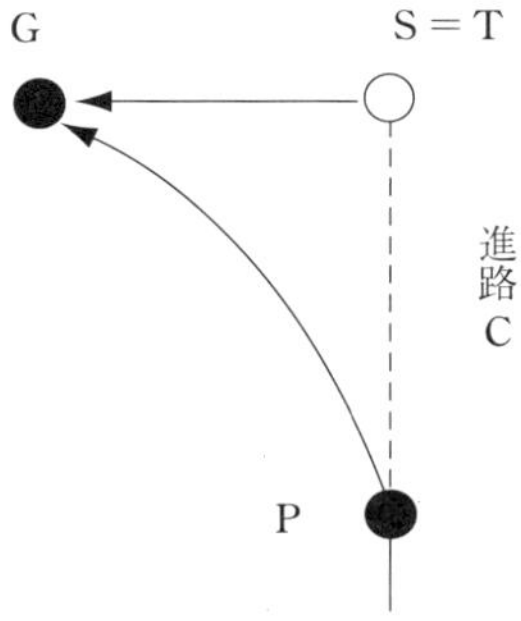

図10　移動対象物の場合の「はずれる」の派生的現象素

止・移動両方の対象物の場合に共通である。

［PガV］（11）弾がはずれた。

［PガT／Cヲ／カラV］（12）弾は急所をはずれた。［目標］

(13)宇宙船は軌道からはずれた。［進路］

(14)私の言葉で、アントンは道から外れ、村とも呼べない二、三軒の農家が並ぶ細い道に車を入れ、土手の横に停めました。（宮本輝『異国の窓から』）

時間的派生用法

移動対象物の場合はPの空間移動（および時間経過）が加わったが、その同じ派生的現象素がさらに時間的移動に派生して行く場合がある。図11がそれである。この場合目標Tは時間の経過に伴ってその内容を変化させる。

(15)予想がはずれた。

この場合の対象物Pは予想のたぐいの心的内容である。この心的内容は未来に属するものであり、「予想・当て・ねらい・期待・予報・予測・予言・思惑・目算」などで表現される。このPが図11の予想Tに達する点線上を走っている間はPとTの内容は一致している。ところが「予想」などが「はずれる」場合は、Tの内容は時間と共に変化して行き、G（現実）に達した時点では予想Tとは異なったものになっている。図11に示した派生的現象素は本質的には図9と同じとみなされて、「はずれる」が使われるのだと説明することができる。予想などが「はずれない」場合は弾などが目標に「当たる」のと同じように「予想が当たる」などと言う。この時間的派生義が用いられる文型は［対象がはずれる］（［PガV］）だけである。(6) 対象物である「予想」が「はずれる」のは、Tの内容が変化したために、結果的に「はずれた」ことになる点を捉えたためである。TとPは本来一致しているはずのものであり、いわば同一物である。Pが時間経過によってTと合致したとき、Pの内容は実現することになる。

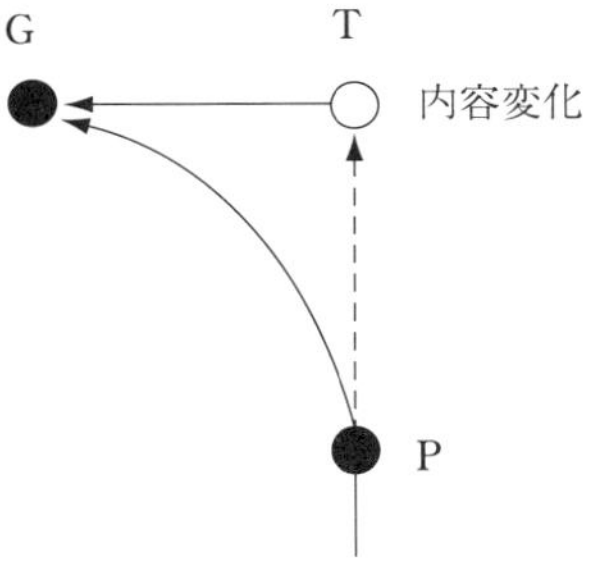

図11 「はずれる」の時間的派生現象素

命題対象と時間軸

ところで「予想」などという対象物の内容は命題であることが直感的に感じられる。つまり〈未来のある時点である出来事が起こるという推定〉を意味している。例えば選挙で「予想がはずれた」と言えば〈「何某は当選する／落選する」という命題が実現しなかった〉ということである。「予言」も〈ある未来時に何かが起こる〉という命題を含んでいるのであり、動詞形にして「大地震を予言する」と言う場合、表面的には単一の名詞が目的語として用いられているが、深層では〈ある未来時に大地震が起こることを予言する〉ということを意味している。なぜこのように命題がはいりこんでくるのか。それは時間的派生用法で現象素の中に時間軸がはいりこんできたためと考えられる。時間の経過は出来事が起こることによって初めて捉えられる。「出来事が起こる」というのはとりもなおさず命題である。「予想・予言・予測・予報」など未来時に関する名詞（およびその動詞形）はすべて命題内容を含んでいることになる。辞書記述に際しても、そのことに配慮すべきである。英語でも同じことであり、「予言・予言する」に当たる語の語義記述を見ると、次のようになっている。

prophecy（予言）= a prediction of what *will happen* in the future.（イタリックは筆者）
prophesy（予言する）= say that（a specified thing）*will happen* in the future.
predict（予言する）= say or estimate that（a specified thing）*will happen* in the future or *will be* a consequence of something.（NODE）

ここには、出来事が未来に起こることが明記されている。現行の国語辞典ではどうなっているかを「予想」を例に取って調べてみよう。命題を意味内容とする点を示す部分を太字で示す。

「予想」

『大辞林』　これから**起こる**ことについて考えをめぐらし、おしはかること。前もって予測すること。また、その内容。「―が的中する」「選挙の結果を―する」「―配当」

『三省堂国語辞典』　前もって、こう**なる**だろうと思うこと。「―どおり・―に反して」

『旺文社詳解国語辞典』　ある物事の今後の動きや傾向・結果などについて、前もって思いをめぐらし、見通しをつけること。また、その内容。「―が的中する」「―が外れる」「―を上回る」「―に反する」「困難が―される」「成否を―する」

これを見ると、『大辞林』と『三省堂国語辞典』では「起こる」「なる」に命題性がうかがわれるが、『旺文社詳解国語辞典』でははっきりしていない。

英語動詞'miss'と「はずれる」

国広哲弥「英語多義語の認知意味論的分析」では英語の動詞'miss'の現象素として［A］［B］の二つを認めた。

すでに示した「はずれる」の移動対象物現象素は［A］型と同種のものであるので、それに基づいて考察を進める。そうすると'miss'と「はずれる」の現象素はまったく同じものであることになり、それに基づいて互いに訳語として用いられてよいことになる。両方の現象素を重ね合わせて共通の現象素を設定すると、図12のようになる。

それでは両動詞による現象素の捉えかたはまったく同じであるかというと、そうではなく、微妙な違いがあると思われる。つまり図13、14に示したように重点の置きかたが異なっていると言えよう。

「はずれる」では移動対象物「弾」の動きに重点があり、'miss'では目標物の移動に重点があると考えられる。図13では、弾がそれを発射した人間の意志とは無関係に、あらぬ方向にそれて行ったことを表わしているのに対して、図14では、弾は物理的にはまったく同じ動きをしているけれども、心理的な捉えかたとしては、目標が移動してしまって、あるべき位置にないために、目標物に当たらないという結果になったことを示している。'miss'の基本義は《物があるべき場所になくなっているために、いろいろの結果が生じる》であると考えられ、それがこの場合の現象素の捉えかたにも現われていると見る。言い換えれば、「はずれる」では〈物があるべき位置から離脱する〉のであり、'miss'では〈行ってみたら物があるべき位置にない〉のである。つまり位置を変えるものが、「はずれる」では移動対象物であるのに対して、'miss'では目標であるという点が異なっていることになる。「はずれる」ではT（目標）からG（着点）への移動、'miss'ではGからTへの移動というように、方向が互いに逆になっている。共通の現象素はこの方向が逆になっている点を除いたレベルで認められるものである。

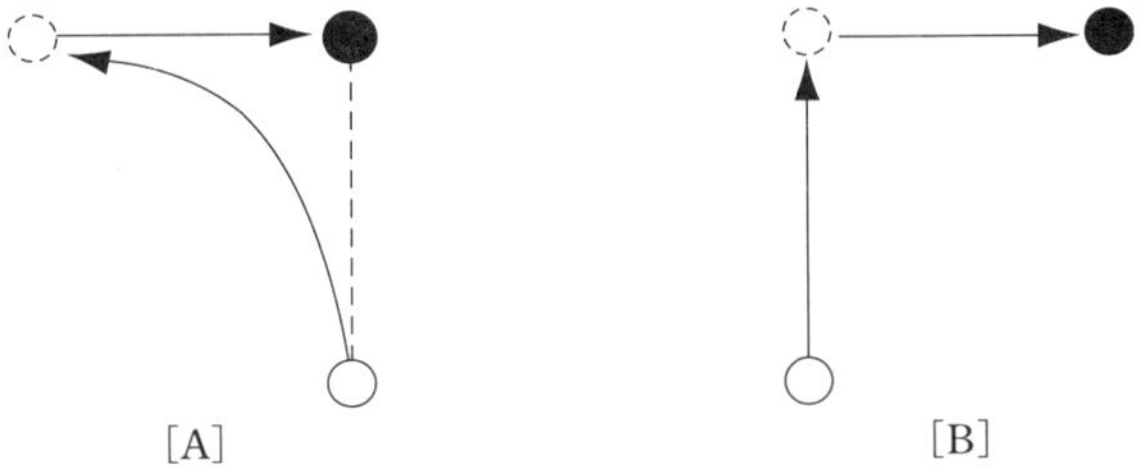

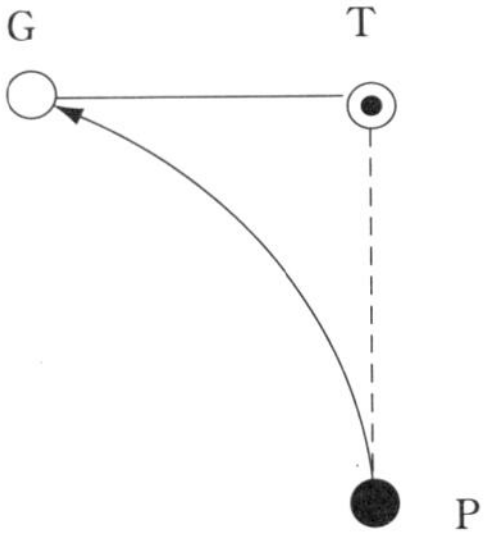

「弾は目標をはずれた。」
'The bullet *missed* the target.'

図12 「はずれる」と'miss'の共通の現象素

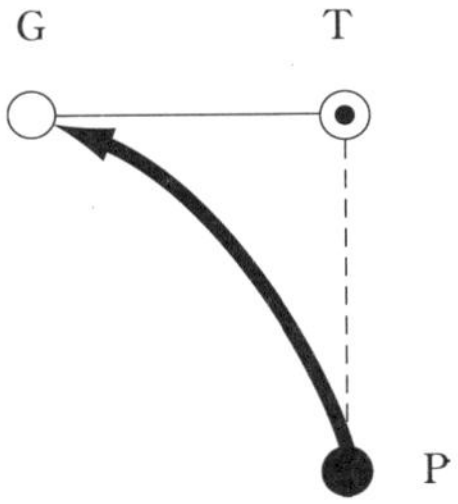

図13 「はずれる」

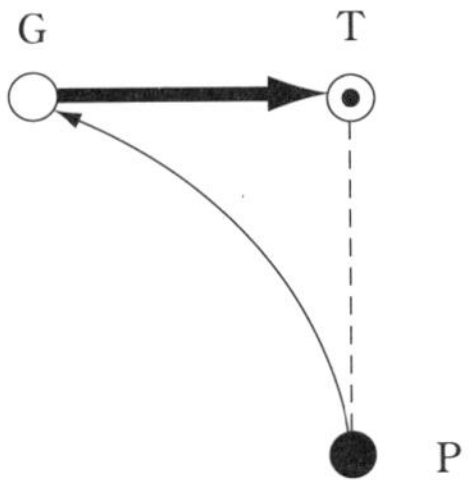

図14 'miss'

【はらう（払う）】

「はらう」の多義

記述が比較的によく整理されている『三省堂国語辞典』の意味分類を出発点とし、他の辞典を参考にして必要な修正を加えた上で「はらう」の多義をまず示す。

(1)邪魔な物をどけるために、手や足を横に勢いよく動かす。「ほこりを―」「枝を―」
(2)不必要な物を取り除く。「人を―」「刀の鞘を―」
(3)不必要な物を売って処分する。「本を古本屋に―」
(4)神に祈って罪・穢れ・災いを除き去る。「厄を―」
(5)（そろばんで）珠を計算前の状態に戻す。
(6)代金を売主に渡す。「お金を―」
(7)「ノ」の字を書くときのように途中から力を抜きながら筆を運ぶ。

(8)尊敬・注意・関心・配慮などの心を対象に向ける。「敬意を―」
(9)犠牲・努力・苦心など負担となる行動をあえて取る。
(10)引き払う。「宿を―」
(11)(「地を払う」の形で)世の中から完全に消える。「道義が地を―」
(12)(空間目的語を伴なって)人などをどかせる。「行列の先を―」
(13)(「辺りを―」の形で)威圧的な雰囲気があたりに満ちる。「威風あたりを―」

多義の全体を見渡してまず言えることは、(1)から(5)までは何らかの意味で邪魔なもの、不必要なものを取り除くという共通義でひとまとめにすることが出来るということである。(1)の場合は対象物が身辺の小さい物であるので、取り除くのに手や足を使い、刃物を使うこともある。使用頻度から言うと、(1)の場合がおそらく最も多いと思われ、その時の手の動きの様態を前景化した用法が(7)であると考えられる。

〈除去〉という動作の目的に類する意味が中心的であると考えると、(6)の代金を払うという意味との関連性をどう考えるかが問題となる。この二つの意味を直接に突き合わせても状況は必ずしもはっきりしそうにない。そこで通時的多義の可能性を求めて「はらう」の古義を調べてみることにする。『岩波古語辞典』の「はら・ひ」の語源欄には次のようにある。

ハラはハラシ(晴)のハラと同根。いらないものをすっかり捨て去るように、振ったり、ゆすったりする意。

同辞典で「はら［原］」を見ると、「《ハレ（晴）と同根か》手入れせずに、広くつづいた平地。」とあり、「はれ」の項には、《ハリ（墾）・ハラ（原）と同根か。ふさがって障害となるものが無くなって、広広となる意》とある。「はれ」の項に引用されている『方丈記』第三章の用例「谷しげけれど西晴れたり」は〈谷は草木が茂っているが、西の方だけは開いていて見晴らしが利く。〉（岩波版『古典文学体系30』三七ページ頭注）という意味である。つまり、「はらう」の起源的意味は〈邪魔がないようにする〉つまりある結果状態を作り出すことを目指した行動であり、手を横に動かすなどの動作の様態は意味の付随的側面であったということである。このように見てくると、「代金をはらう」という用法は、「金銭的な負担をなくする」ための行動であり、原義の「邪魔物がないようにする」から「心理的な負担をなくする」へと直接に意味派生が生じた結果のものであるということになる。

次に原義との関連性がはっきりしない用法としての(8)の「敬意をはらう」がある。これは『岩波国語辞典』に指摘されているように、'pay one's respects'〈表敬訪問をする〉あるいは'pay respect to'〈敬意をはらう〉という英語表現の直訳に由来するものと考えられる。「注意をはらう」にも対応する英語表現の'pay attention'があるが、これも英語表現の影響によるものなのか、「敬意をはらう」の類推によるものなのか、はっきり断定できない。いずれにせよ、英語が基であるとは言うことができる。'pay' という動詞そのものに対しては昔から「はらう」という訳語が当てられていたから、そこから「敬意をはらう」という表現が生じたことは十分考えられる。(7)『岩波国語辞典』は 'pay' の直訳によって「はらう」を用いるようになった目的語として、「注意・敬意・苦心・犠牲」を列挙しているが、「苦心・犠牲」については英語に 'pay' を用いる用法はないので、別扱いすべきである。意味の上でも「注意・敬意」と「苦心・犠牲」ははっきりと相違がある。「注意・敬意」はある種の心理状態であり、その心理を差し向ける対象を持っている。ここに属する目的語としてはさらに「関心・配慮・考慮」がある。ところが「苦心・犠牲・努力」のグループは性質を異にしており、身体的な負担を伴なうことである。こちらは「代金をはらう」に繋がる派生用法として、別扱いすべきものと思われる。諸辞典の用例をみても、この両グループを混同している場合が多い。(8)

場所目的語用法と再帰目的語省略用法

(10)から(13)の用法は(1)から(5)までの基本的用法とは目的語の文法的性質が異なっているために、別扱いをしなければならない。基本的な用法では、目的語の指す事物は具体・抽象の別はあれ、除去の直接の対象であった。ところが(10)から(13)では、目的語は〃除かれる物が存在している場所〃を指している。これは「場所目的語」である(場所目的語については国広哲弥『理想の国語辞典』一一五ページ以下を参照)。

（10）の「宿をはらう」の「宿」はそれまで主語の人間が滞在していた場所であり、そこからその人間が出て行くことを指している。消滅するのは人間であって宿ではない。この用法と基本的用法はどのように結び付けられるか。これは国広哲弥『理想の国語辞典』（四六ページ）で論じた目的語省略表現として処理することができる。そこで示した一例に「役所を退く」という用法がある。これは「役所から身を退く」の「身」を省略し、それと共に直前の「から」も道連れにする表現法と考えた。「宿から身をはらう」から「から身」を省略したものが「宿をはらう」であると考えるのである。「はらう」の基本義は対象物を消滅させることであるから、基本義に直接に結び付くことになる。「宿をはらう」という表現はいまはほとんど使われなくなっており、代わりに「宿を引き払う」という。

次の（11）「道義が地を払う」は、「地を払う」がこの形で慣用句化しているので、別扱いとしたが、文法的な性質は（10）の場合と同じである。つまり裏の意味構造は「道義が地から自らを払う」であり、「地」というのは「地上」つまり「世間」という空間を指している。（10）と（11）の場合は再帰目的語つまり主語が「払われる」のであるから、主語の指すものが姿を消すことになる。それに対して、次の（12）と（13）では、主語の指すものは消えない。

普通の目的語省略用法である（12）「先を払う」は昔の殿様の行列のような場合で、「先（から人）を払う」つまり〈行列の行く先にいる邪魔な人達を払う〉という意味である。

次の（13）「あたりを払う」も目的語省略用法である。この表現も慣用句化している。「威風があたりを払う」と言う場合、「威風」が何かを「あたりから払いのける」のであるが、それが何であるかはっきりしない。〈何もかも吹き払うくらいに勢いが強く、そこらに満ち満ちている〉ということである。これと同じ用法はほかにも見られる。

（a）最高の位の太政大臣は、何の仕事もないのである。御所での儀式の通りを、私邸でも行ない、その威勢は天下を払う。（田辺聖子『新源氏物語』）

（b）今ここもとにしのび寄せて、庭のおもてを払う風に、笹の葉さらさらとみだれ、軒には枯れた梢さむく、（石川淳『処女懐胎』）

（c）逡巡として曇りがちなる春の空を、もどかしとばかりに吹き払う山嵐の、思い切りよく通り抜けた前山の一角は、未練もなく晴れつくして、（夏目漱石『草枕』）

例（b）（c）では風が吹き抜けるという具体的な場合が示されており、特に（c）では「吹き払う」といういっそう具体的な表現になっている。そして「払う」の動作主体はともに「風」である。（b）の「庭のおもて」、（c）の「春の空」は場所目的語であり、「払う」は基本的な〈邪魔物を取り除く〉という意味で用いられている。

「はらう」の多義構造

以上の分析に基づいて「はらう」の多義を構造化してみる。全体の大きな枠組みとしては、目的語が対象目的語と場所目的語の場合に二分され、場所目的語の場合はさらに再帰目的語省略と普通の目的語省略に分かれる。

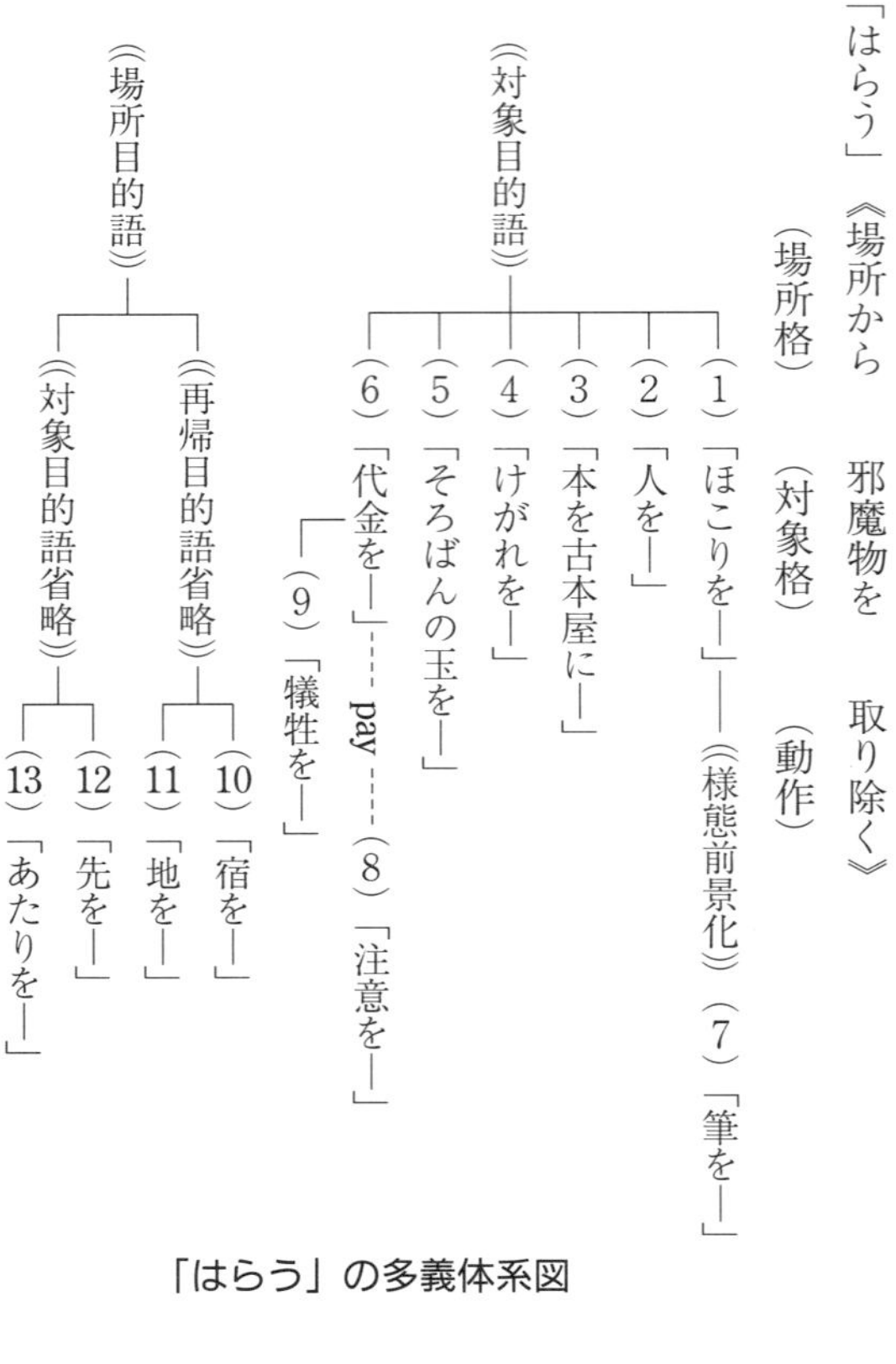

「はらう」の多義体系図

【はる（張る）】

「張る」の多義

「張る」の基本義は《柔軟な物の両端を互いに反対方向に引っ張り、緊張状態を作り出す》と言えるが、実際はこの裏にそういう動作が現象素として存在しており、その動作を言語で描写すれば右のようになるわけである。さらに緊張という結果状態に認知的焦点がある。

「張る」の多義は大きく他動詞用法と自動詞用法に分けられるが、分析結果から見ると、他動詞用法が基本で、自動詞用法は他動詞の再帰中間態用法であると言うことが出来る。例えば、「木が根を張る」が基本で、その再帰表現「根が自らを張る」の「自らを」が省略されて、「根が張る」という表面的には自動詞である再帰中間態表現が生じると考えるのである。なお「木が根を張る」という表現も、木が実際に根に引っ張る力を加えるわけではなく、〝あたかも引っ張った結果であるかのような状態を作り出す〟という痕跡表現の例である。

引っ張る対象物は面状の場合と線状の場合とがある。面を「張れば」平面に近づき、線を「張れば」直線に近づく。
『三省堂国語辞典』の記述を出発点とし、自他の別は「自①」、「他②」のように表記し分ける。語義は簡単な例で示す。

多義派生の説明

次ページの多義体系図について説明を加える。白丸で示された始発点は「張る」の基本義を示す。基本義に直接結び付くもっとも中心的な用法が他①、他②、他⑨である。他①は対象物が面的、他②は線的な場合で、両方とも通常は人力が加えられる。他⑨は辞典では〈声を、強く出す〉と語釈されている。「大声を張り上げる」に繋がる用法である。大声を出すのは、生理学的には呼気を強くすることによって声帯の振幅を大きくすることであり、声帯に引っ張る力を加えるわけではないが、素朴な身体感覚で声帯を強く引っ張るものと感じられたのがこの用法の発端であったろうと思われる。「張る」の全用法で物理的に引っ張る力を用いるのはこの三用法だけであるので、ここにまとめた。

他⑥の「宴を張る」は、宴会の場を設けて、酒食を提供し、ときに余興を添えることである。しかし元の表現は昔の宴会場の周りに紅白の幕を「張る」ことに基づいた空間的メトニミーである。「宴」を指すのにその周辺の「幕」を取り上げているわけである。したがって「宴」は「張る」の直接の目的語ではなく、メトニミー的目的語である。因みにアメリカ英語では、パーティー

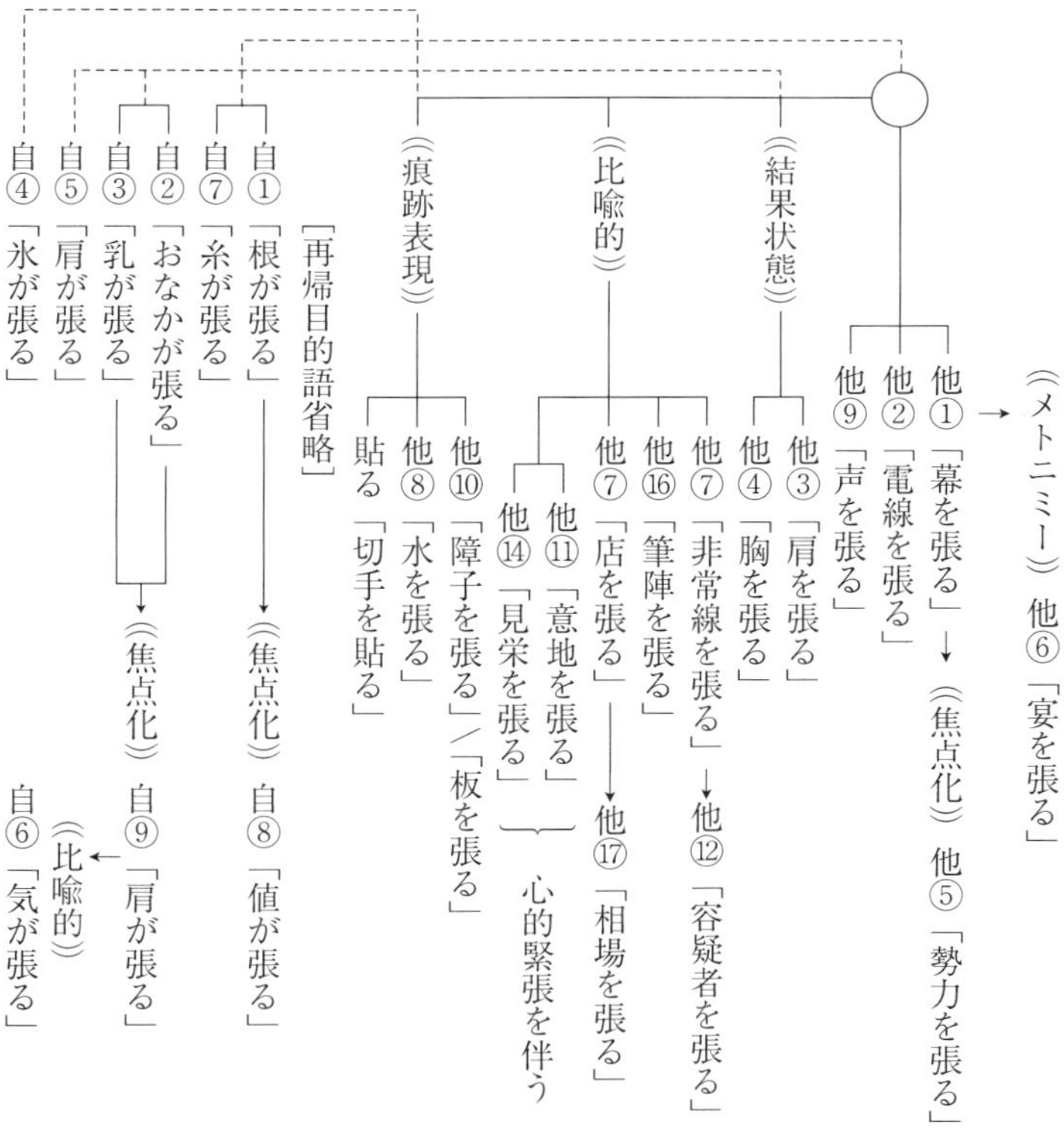
《メトニミー》他⑥「宴を張る」
他①「幕を張る」
《焦点化》他⑤「勢力を張る」
他②「電線を張る」
他⑨「声を張る」
《結果状態》
他③「肩を張る」
他④「胸を張る」
《比喩的》
他⑦「非常線を張る」
他⑫「容疑者を張る」
他⑯「筆陣を張る」
他⑦「店を張る」
他⑰「相場を張る」
他⑪「意地を張る」
他⑭「見栄を張る」
心的緊張を伴う
《痕跡表現》
他⑩「障子を張る」／「板を張る」
他⑧「水を張る」
貼る「切手を貼る」
[再帰目的語省略]
自①「根が張る」
《焦点化》自⑧「値が張る」
自⑦「糸が張る」
自②「おなかが張る」
自③「乳が張る」
《焦点化》自⑨「肩が張る」
《比喩的》
自⑥「気が張る」
自⑤「肩が張る」
自④「氷が張る」

「張る」の多義体系図

を開くことを'throw a party'と言うが、この場合も'party'は意味的には'throw'の直接の目的語ではない。パーティーというのはいろいろな人を引き会わせることを目的とするものであるから、この表現の裏には'throw people together'〈人々を偶然に会わせる〉をひそませていることが考えられる。もしそうであれば、'party'は結果目的語ということになる。

他⑤の「勢力を張る」は〈勢いをさかんにする〉と語釈されている。基本義からこの意味に至るあいだには三段階の意味変化を経ていると考えられる。まず基本となったと考えられる「幕を張る」はひとつの観点から見ると畳んでいた幕を広げることであるから、幕の〈占有面積を大きくする〉という認知が出て来る。これは認知の焦点化である。第二段階では、具体物の占有面積を「勢力」という抽象物の占有面積に移すという抽象化が行なわれている。第三段階では、一種のメトニミー的意味変化として、勢力範囲が広がったということは、勢力が強いことの結果であるという因果関係的推論がはいりこんでくる。その結果として〈勢力をさかんにする〉という意味が出て来ることになる。

一般に活動は過程と結果の二面に分析して認知される。語義の性質あるいは文脈の影響によって、過程だけ、過程と結果の両方、結果だけの三通りの焦点の合わされかたがある。その観点から言うと、他①、②、⑨では過程と結果の両方に焦点が合わされているが、次の他③と他④では、結果の方に重点が移っている場合と考えられ、「結果状態」としてまとめた。この場合は、過程がどういうものであるか考えられていないし、考えてみても何だかよく分からない。他③の辞書の語釈は〈(肩を) 四角ばらせる、いからせる。〉とある。姿勢のことであり、前かがみになったり、しょんぼりしていない、ということである。そういう姿勢が、両肩を左右に引っ張って伸ばした結果のようであると認知した結果、この用法が生れたのだと考えられる。解剖学的に言うならば、肩幅は骨格によって決まっているので、伸ばすことはできない。他④は『三省堂国語辞典』では別義にしてあるが、他③と同様のものである。ただし「肩」と「胸」では含意が異なり、「肩を張る」は空威張りの気味があり、「胸を張る」は自信に満ちたところがある。

比喩的派生義

他③と他④が目に見える物を張るのに対して、他⑦と他⑯は目に見えないものに比喩的に用いる場合である。⑦の「非常線」は人間の行き来をチェックする境界を指し、警官などの姿によってその存在が推定されるに過ぎない。他⑯の「筆陣」は⑦よりさらに抽象的で、何かを主張する議論の構成体を指す。意味の系譜としては、他⑦は他②に繋がり、他⑯は他①に繋がる。

他⑫「容疑者を張る」は意味的には他⑦に繋がっているが、「非常線」が直接の目的語であるのに対して、「容疑者」はそうではなく、例えば「容疑者を(捕らえるために非常線を)張る」に基づいた省略表現の目的語であると考えられる。「非常線」の代わりに「見張り態勢」を考えることも出来る。この場合の「容疑者」は「究極目的語」などと呼んで直接の目的語と区別されるべきものである。

他⑦「店を張る」はある空間を作り出すことであり、他①に繋がる。それにさらに抽象化が加えられたものが他⑰の「相場」である。同じく抽象的ではあるが、対象が心的であるということで、他⑪「意地を張る」と他⑭「見栄を張る」をまとめた。「張る」の基本義の中には、張られた物に緊張が生じるという要素を含んでいるが、その点を利用したのがこの⑪と⑭であると考えられる。「意地」に心的緊張が含まれることは言うまでもないが、「見栄を張る」も心的に無理な努力を伴なっていると言えよう。

痕跡表現

痕跡表現については、国広哲弥「認知と言語表現」(『言語研究』第八八号)、国広哲弥『理想の国語辞典』に詳しいが、目の前の形や位置関係について、実際に動きや変化がないにもかかわらず、あたかもあった結果であるかのように表現することをいう。「張る」動作をすれば普通結果としてある面が生じる。そこで実際には「張る」動作はなかったにもかかわらず、「張った」結果であるかのように面の存在を表現するとき、それを痕跡表現と言う。

他⑩「障子を張る」の場合、障子紙を障子の桟の上に載せて糊付けするだけであるが、結果として平らな障子紙が生じる。これを「紙を四方に引っ張った結果」と見て「張る」を使うわけである。『三省堂国語辞典』では「はる【張・貼】」という別項目を立てて、そこに「板を張る」を示しているが、これも「障子紙を張る」とまったく同じ用法である。他⑧の「水を張る」は容器に水を満々と湛えることを意味するが、これも平らな水面の出現を引っ張った結果と見立てたことによるものである。「張・貼」の項の「切手を貼る」も同じく痕跡表現である。障子紙や切手のような紙は載せただけではすぐ取れてしまうので、実際には糊付けをし、板の場合は釘付けをしたり接着剤を使ったりするが、これは現実の要請によって意味派生が生じたものである。「洗い張り」という布地の洗濯法がある。洗い張り板の上に布の両端を引っ張るようにしてふのりなどで貼り付ける。この場合は「張る」と「貼る」の両方が行なわれる。

再帰目的語省略

「はらう」の項ですでに触れた再帰目的語省略は、「張る」の自動詞用法の場合にも当てはまる。ただしその基になった他動詞用法の種類の違いに応じて、自動詞用法の方にも種類の違いが見られる。

自①「根が張る」については最初に触れたように「木が根を張る」から来ていて、「根がそれ自体を張る」が「それ自体を」の省略によって「根が張る」になったものと解される。つまり、〈根が幹を中心として長く広く伸びた状態になる〉ということで、他①に由来する。自⑦「糸が張る」は同様にして他②に由来する。自①の中に含まれる〈広い面積を占める〉という意味要素が抽象化を受けると、〈数量が大きくなる〉という意味を派生させる。この意味に焦点化を行なった用法が自⑧「値が張る」であると言えよう。

自②「おなかが張る」、自③「乳が張る」、自⑤「肩が張る」は他③、他④の結果状態グループに由来する。「おなかが張る」は腹の内圧が高まって表面の皮膚が緊張した状態を指すが、その緊張状態を、皮膚を周辺に向かって引っ張った結果と同じと見た表現である。自③「乳が張る」も同様である。

自⑤「肩が張る」については、一方に自⑨「肩が張る」という表面的にはまったく同じ表現があるので、注意が必要である。自⑤の方は、肩の外形を言っており、肩幅が広いことを指す。それに対して自⑨の方は〈肩が凝る〉という意味であるから、これは自②、自③の意味の一部分である〈緊張する〉が焦点化によって取り出された用法であると考えることができる。

自⑨「肩が張る」は「肩が緊張する」と言い換えることもできるが、この緊張の意味要素に基づいて心理面に比喩的に適用されたのが自⑥「気が張る」という用法である。

自④「氷が張る」は痕跡表現に基づく再帰目的語省略表現で、〈氷が自らを水面に張ったかのような状態になる〉ということである。

なお多義構造図上部の点線は多義派生の型が同じ他動詞と自動詞を結び付けたものである。

残った問題

以上、「張る」の多義の派生関係を明らかにしてきたが、どう考えても関連性がはっきりしない用法が二つ残った。その一つは他⑬「横面を張る」である。この用法は『岩波古語辞典』にも載せられており、一二八三年の例が示されている。もう一つは他⑮「逃げを張る」という慣用句的表現である。今後の研究にまちたい。

【ひかえる（控える）】

「ひかえる」の多義

「ひかえる」には自動詞用法と他動詞用法があるが、多義記述の全体を見渡してみると他動詞用法が基本であり、自動詞用法はその再帰中間態用法であることが分かる。そういう理解の元に『明鏡国語辞典』に基づいて代表的な用例の形で多義の状態を略記する。用例は便宜上簡略化することがある。

ひかえる（基本義）《欲求を満たすことを抑制する》

他①「酒をひかえる」

他②「判断をひかえる」

他③「このホテルは近くにスキー場をひかえている」

他④「日程を手帳にひかえる」

他⑤「馬をひかえる」（現在では使わないので、以下では省略する）
自①「ベンチにひかえている選手」
自②「要人の身辺に護衛がひかえる」
自③「村の背後には山がひかえている」

『岩波古語辞典』によると「ひかえ」の語源は「ヒキ（引）アヘ（合）の約。引いて、相手の力や動きに合わせるの意」である。言いかえるならば、「相手の動きを抑える」ということであり、これが当時の現象素であったと考えられる。現在の用法ではそういうダイナミックな場合よりも派生的な用法の方が頻度的には中心をなしているが、全体の多義構造を考えるには、過去のダイナミックな用法を出発点においた方がよいと考えられる。

まず他①と他②は「ある欲求を抑える」点では同じである。他①「酒をひかえる」はもっと飲みたいという欲求をほどほどの量に抑えるということであり、他②「判断をひかえる」はある判断を下したいという欲求があるとき、誤った判断を下したり、判断を下すこと自体が何か不都合を生じることを恐れて、判断を下す欲求を抑えることである。

他③「近くにスキー場をひかえる」は外形は他動詞であるが、意味的にはこれと平行している自③「村の背後には山がひかえている」からの派生的用法であると考えられる。つまり次のような派生の連鎖をたどったものと考えられる。

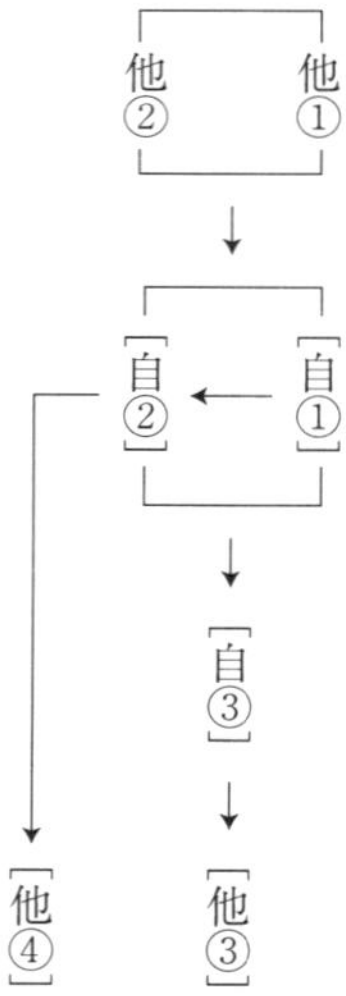

図15

他①②から自①②が生じるのは再帰中間態派生によると考えられる。自①「ベンチにひかえている選手」で説明すると、「野球選手がグランドに出て行きたいのだが、いまはその時期ではないので、出て行こうとする自分を抑えている」つまり「中心的な場所から少し離れた所に必要な時に備えて待機している」ということである。自②「要人の身辺に護衛がひかえる」は、自①からさらに派生したもので、「要人から離れた所にいざという時に備えて待機している」ということである。自③「村の背後には山がひかえている」は村と山の位置関係を表す用法であるが、これは自①②における基準体と周辺体の位置関係を抽出した比喩的派生義である。自③「山がひかえている」は擬人的表現であり、村よりは山の方に焦点がおかれている。この注意の焦点を基準体の方に移したのが他③「このホテルは近くにスキー場をひかえている」であると解される。この焦点の移動を表すために「ホテルは…スキー場を…」の語順が用いられたものである。ここでは「ひかえる」は〈近くに持つ〉という意味になっている。『明鏡国語辞典』の他③のもう一つの時間的な派生用法の例「試験を明日にひかえる」も平行していて、〈ある出来事を近い未来に持つ〉つまり〈ある出来事が近い未来にせまっている〉ということになる。

他④「日程を手帳にひかえる」は自②から派生した用法と考えられる。自②の中の〈いざという時に備えて待機している〉という部分を比喩的に派生させたもので、日程・計画などを〈忘却に備えて書きとめる〉ということである。この用法に基づく名詞が「控え」〈将来の必要に備えて複写などの形で保存された書類や記録〉である。この名詞「控え」には動詞的な意味〈将来の必要に備えて複写などを用意する〉もある。

以上に分析した多義の体系をもう一度簡略化した用例によって示してみよう。

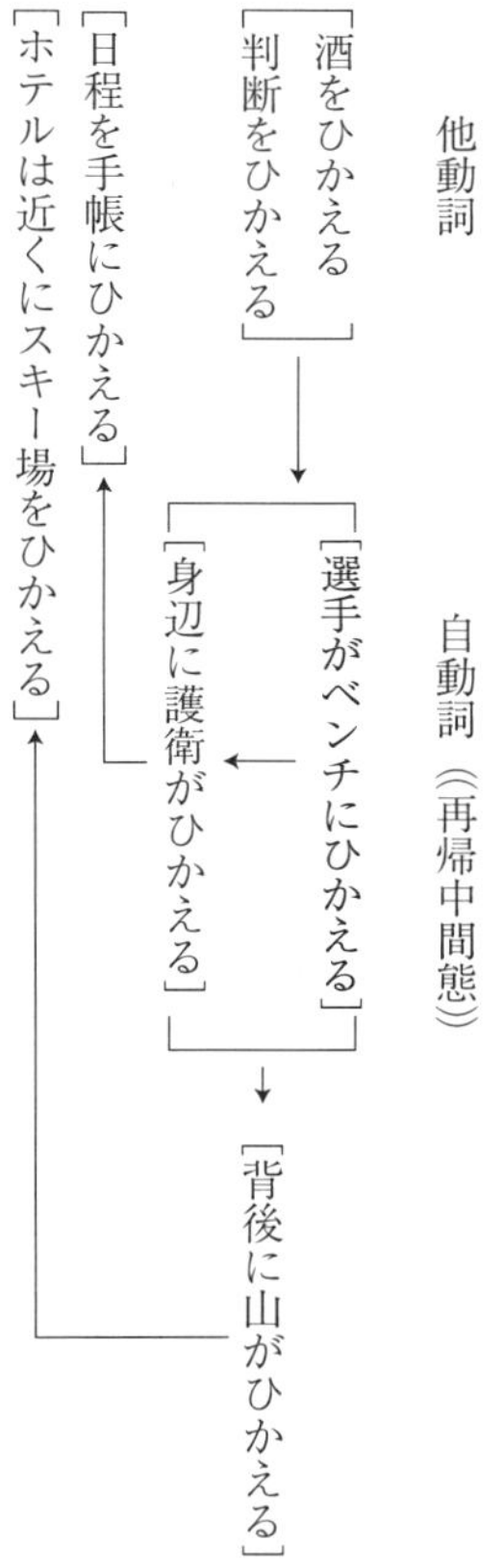

「ひかえる」の多義体系図

【ひねる（捻る）】

「ひねる」の用法はすべて他動詞である。全体は大きく物理的な回転動作と、何かを「ひねって作る」生産的用法に分けられる。『明鏡国語辞典』の用例を簡単にして示すと次のようになる。

ひねる

①「蛇口をひねる」
②「上体をひねる」
③「鶏をひねる」（＝殺す）
④「頭をひねる」（知恵を出すために）
⑤「首をひねる」（疑念を示す身振り）
⑥「一句ひねる」
⑦「ひねった問題」

⑧「ちょっとひねってやろう」(＝負かす)

⑨「心付けをひねる」

この中で物理的回転運動を指すのは、①、②、③、⑤、⑧である。このうち「鶏をひねる」は「ひねって殺す」という時間的にあとのことを指すメトニミー的用法である。次の④「頭をひねる」は「頭をしぼる」と似た用法である。ぬれたタオルなどを「しぼったり」「ひねったり」すると水分が出て来る。その水分を知恵に喩えた用法である。同時に「ひねる」動作のあとに出て来る知恵に焦点が当てられているので、メトニミーでもある。

⑤「首をひねる」は「首をかしげる」と類似の身振り表現であり、日本文化では〈疑念の表明〉を意味する。この身振りにおける首の動きは傾斜と回転を複合した複雑なものと言えるが、その回転の面に注目したのが「首をひねる」、傾斜の面に注目したのが「首をかしげる」であると言えよう。

⑦「ひねった問題」の「ひねった」は普通この連体形でしか用いられない。「*問題をひねった」とも「*問題をひねる」とも言えない。「この問題はちょっとひねってある」は言えるかもしれない。「ひねった問題」というのは、問題の一部に変形を加えて少し難しくしてあるということである。この用法について『大辞林』は「⑥あれこれ考えて普通とは違う物にする。趣向をこらす。」と記述しているが、これは「頭を〝ひねって〟作った」問題と解しているものである。

そうではなくて、筆者としては、問題そのものを「ひねった」ものと考えたい。そうしないと、『大辞林』が挙げている用例「ひねった問題を作る」にうまく合わなくなるのではなかろうか。

次は結果目的語用法である。『明鏡国語辞典』で①の語義のところに「語法」として書き添えられた「こよりをひねる」がその例である。「こより」は和紙の細片を「ひねる」ことにより作り出される物である。⑥「一句ひねる」も同様であり、頭を「ひねって」一句作るということである。⑨「心付けをひねる」も同様であり、和紙の包みにお金を入れて端を「ひねり」、「心付け」を作るのである。

最後に残った⑧「ちょっとひねってやろう」は元は相撲から来た表現と考えられ、〈たいして力を使わずに負かす〉という意味であるが、実際には碁や将棋など腕力を使わない勝負事に比喩的に用いられる。類似の表現として「一丁もんでやろう」がある。

以上に基づいて多義体系を図示すると次のようになる。

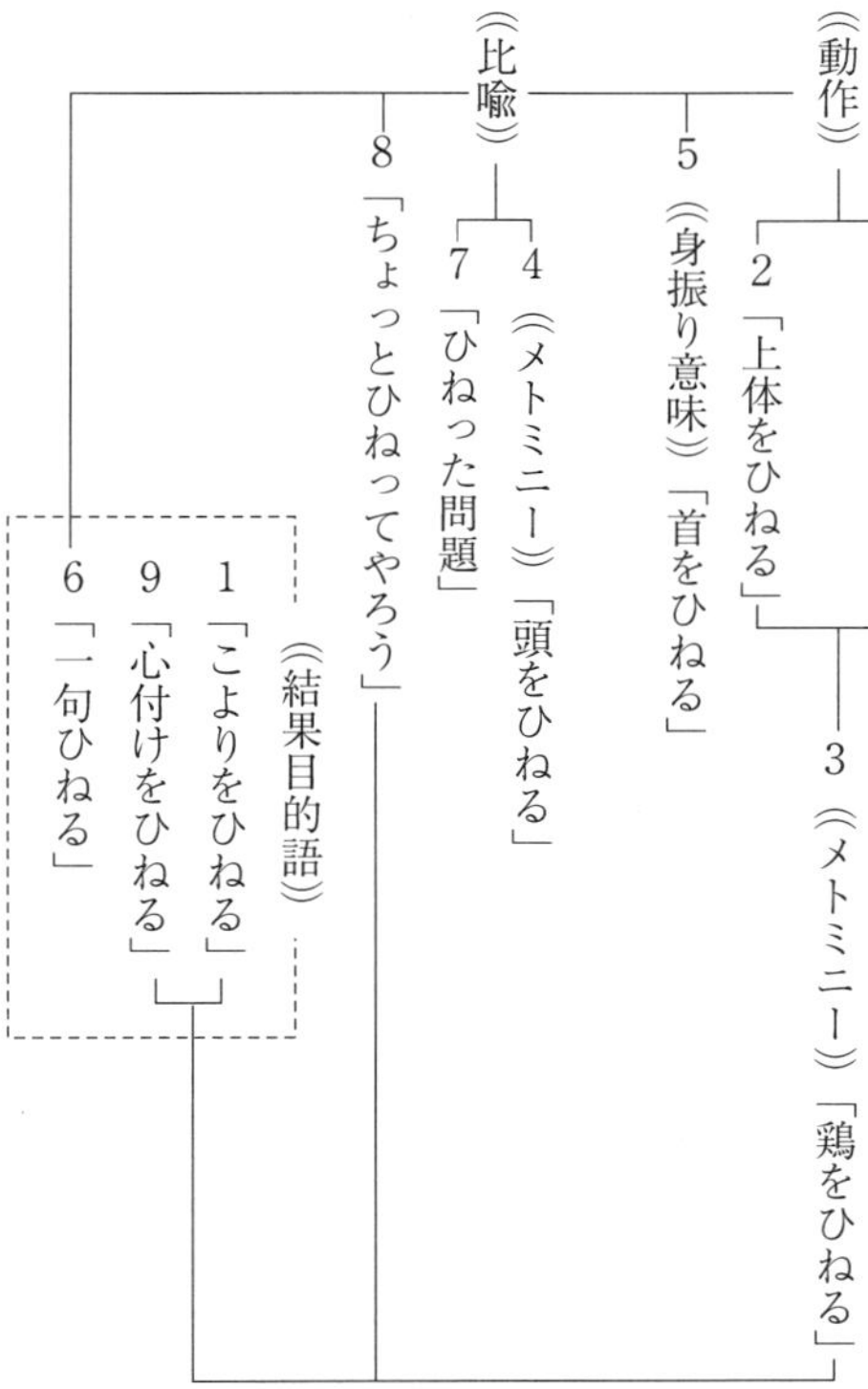
《動作》
1「蛇口をひねる」
2「上体をひねる」
3《メトミニー》「鶏をひねる」
5《身振り意味》「首をひねる」
《比喩》
4《メトミニー》「頭をひねる」
7「ひねった問題」
8「ちょっとひねってやろう」
《結果目的語》
1「こよりをひねる」
9「心付けをひねる」
6「一句ひねる」

「ひねる」の多義体系図

【ひらく（開く）】

「ひらく」には他動詞用法と自動詞用法があるが、基本は他動詞用法で、自動詞使用法はその再帰中間態用法であると考えられる。つまり自動詞用法「窓がひらく」は「窓が自らをひらく」から「自ら」を省略した形であると考える。そう考えることによって、同一形が自他両用法を持っていることが説明される。以下ではまず、他動詞用法の構造を明らかにし、それに自動詞使用法を結び付けるという順序を取る。

他動詞「ひらく」の全用法を眺め渡すと、基本は次の三つの場合、つまり一次元的（線）、二次元的（面）、三次元的（立体）にまとめられる。この三種類の場合に共通して認められる変化の特徴は、結果として一対をなす形が生じることである。この点が「ひらく」と類似の変化動詞「のばす・ひろげる・ふくらます」などとを区別すると考えられる。

一次元的

（1）［囲碁用語］一間《けん》にひらく。

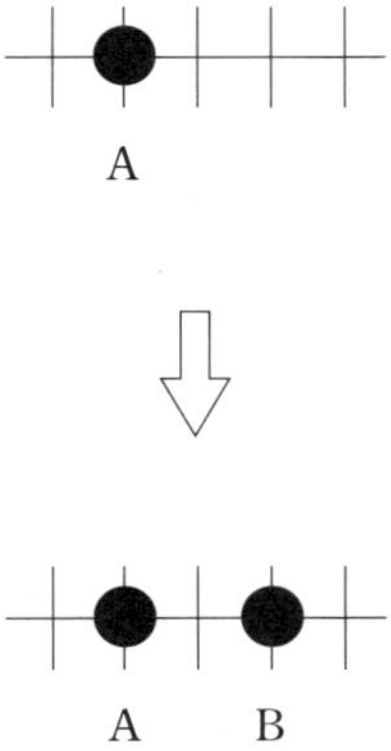

図16

最初Aに一個だけ石があり、次の時にBに打つことを言う。つまり石を「AからBにひらいた」のである。これは線的な拡張を意味する。（2）も同様な例である。

（2）足を二〇センチ幅にひらいて立つ。

二次元的

（3）（閉じた）本をひらく。

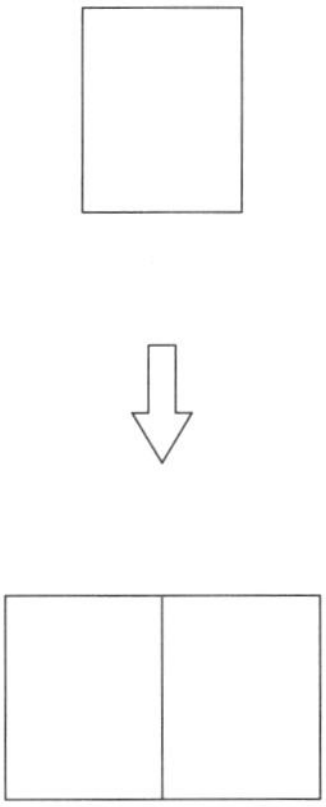

図17

閉じられた本は一定の平面を呈しているが、これを「ひらく」と、平面は二倍に広がる。

（4）（閉じた）扇子をひらく。

扇子の場合は棒状のものを平面化することを指すが、次の［A］ではなくて、［B］のように解釈（construe）されているものと考えられる。［B］には一対の形が認められる。

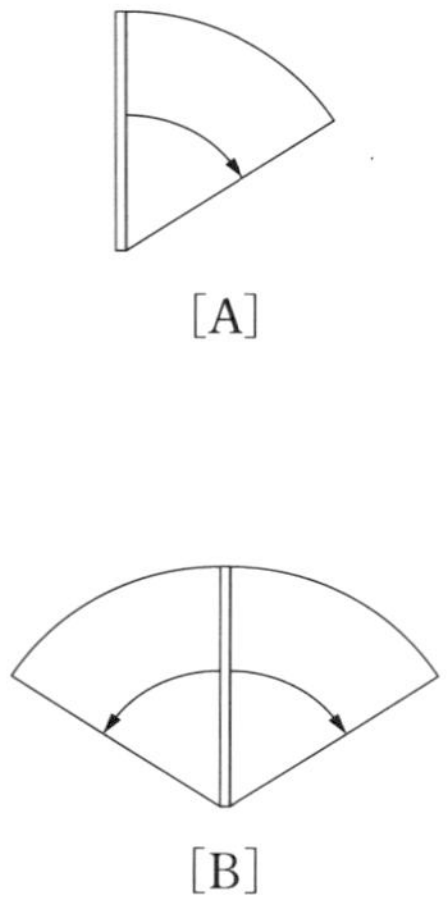

図18

（5）戸をひらく。

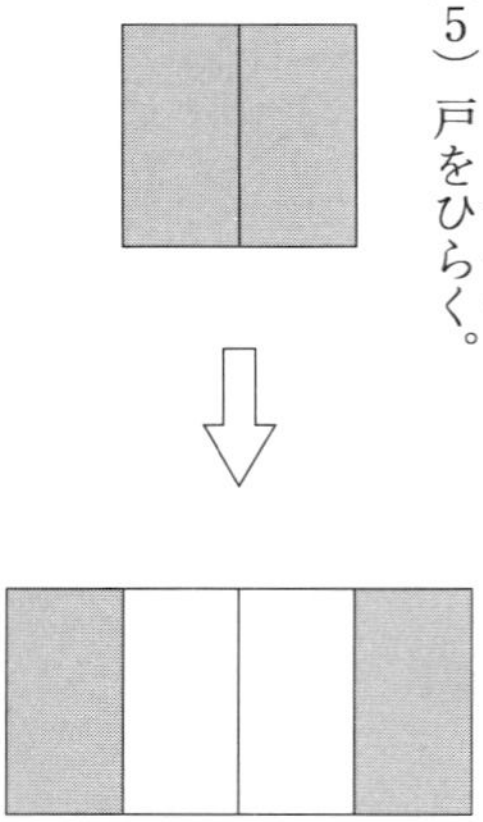

図19

（5）のように言う時は、戸は一対の造りになっている。一枚戸の場合は「戸をあける」と言う。玄関などの一枚扉の場合も「ひらく」と言わないことはないが、その時は扉と入口の空間が一対として捉えられているものと解される。

（6）魚をひらく。

この場合も魚の背を中心線として一対の身が両側に現れる。

三次元的

（7）傘をひらく。

傘は（4）の扇子の場合と同じく、最初は一本の棒状の物であるが、それが柄を中心軸にして立体的に拡張される。「木々は春になると花をひらく」も同じ用法である。この場合、中心点の周囲に円形が発生するという二次元的な認知も含まれていると考えられる。

「ひらく」の基本義

ひらく《閉じられた一対の物がその一対性を明示する形で占有空間を広げる》

以下に、この基本義を念頭におきながら『明鏡国語辞典』の記述に基づいて多義の構造を分析して行く。

自①「バッグの口がひらく」
自②「傘がひらく」
自③「花がひらく」
自④「傷口がひらく」
自⑤「店は朝九時にひらく」
自⑥「瞳孔がひらいている」
自⑦「都市部がひらく[9]」
自⑧「差がひらく」
自⑨「このズボンは裾が大きくひらいている」
自⑩「(スポーツ)体がひらく[10]」

他動詞用法に移る前に自動詞用法を整理しておく。自⑦と自⑩は用法が確認できないので、いまは考察から除外する。

基本義の〈一対の物の間の空間が大きくなる〉に当たるのは自①、自④、自⑧、自⑨の四義である。次に中心点あるいは軸を中心として円形に空間が広がるのが自②、自③、自⑥の三義である。問題は自⑤である。「店は自らをひらく」と取ることも出来るが、「店は入口をひらく」の

「入口」を省略した表現と取ることも出来る。いずれにしても最初のグループに属させることが出来る。なお自⑧「差がひらく」に類する用法として「実力がひらく」、「年齢がひらく」などがあるので、自⑧は抽象化の加えられた語義と見る。以上を構造化すると、次のようになる。

自①「バッグの口がひらく」
自④「傷口がひらく」
自⑤「店は朝九時にひらく」
自⑨「裾がひらいている」
自②「傘がひらく」
自③「花がひらく」
自⑥「瞳孔がひらいている」

自⑧「差がひらく」
（抽象化）

右図はいちおう『明鏡国語辞典』に従ったが、文脈による影響を取り除いて行くと、自①と自④、自②、③、⑥はそれぞれ同一義にまとめることが出来る。

次は他動詞用法であるが、『明鏡国語辞典』の語義分けは数が多くて二四個に及んでいるので、それをここに列挙するのは省略し、多義構造に整理した形で以下に示すことにする。多義関係からすると、元の配列にかなり変更を加える必要があることが見て取れよう。

次ページの体系図について、若干の補足的説明をしておく。上下二群に分けているが、これは大雑把に上群は具体的な場合、下群は抽象的な場合であることを示すものである。右上の他①から他⑦までのグループは、中心線の両側に平面が生じる場合であり、諸用法の出発点をなすものである。他①と並んだ他⑤「口をひらく」は閉じられていた口がひらかれるので、最初にあった中心線が消えるという逆の変化を示している。これは他①「扉をひらく」と一脈通じており、両者共に出入り自由の空間が生じる。この出入り自由の点に基づいた比喩的用法が右下の他⑧と他⑨である。さらに、「扉をひらく」ということは、〈一つの空間から別の空間に出て行くことを可能にする〉という含みを持っており、その点に基づいた抽象的派生義が他⑱と他⑲である。右上のグループ内の他②③⑦の共通点は平面を実現させることであり、その点に基づく比喩的用法がその下の他⑭㉒㉓㉔のグループである。他⑭では具体的な平面（＝床）が出現し、他㉒ではパソコンのファイルの中に閉じ込められていたデータがディスプレー上に平面的に展開される。他㉓では例えば$\sqrt{2}$を「ひらく」と、1.41421356…と平面的に広がってゆく。他㉔の漢字を仮名に「ひらく」場合も、スペースを食う傾向がある。

上群に戻って他④は中心の周辺に円形が生じる場合である。「傘をひらく」もここに属する。その左の他⑥と他㉑のグループは、足あるいは体の向きをある程度変える場合である。足の場合は両足の間に、体の場合は元の位置と向きを変えた位置との間に空間が生じる点に着目した用法と考えられる。その左の他⑳は二点間の距離という線的なひろがりを指している。自⑧「差がひ

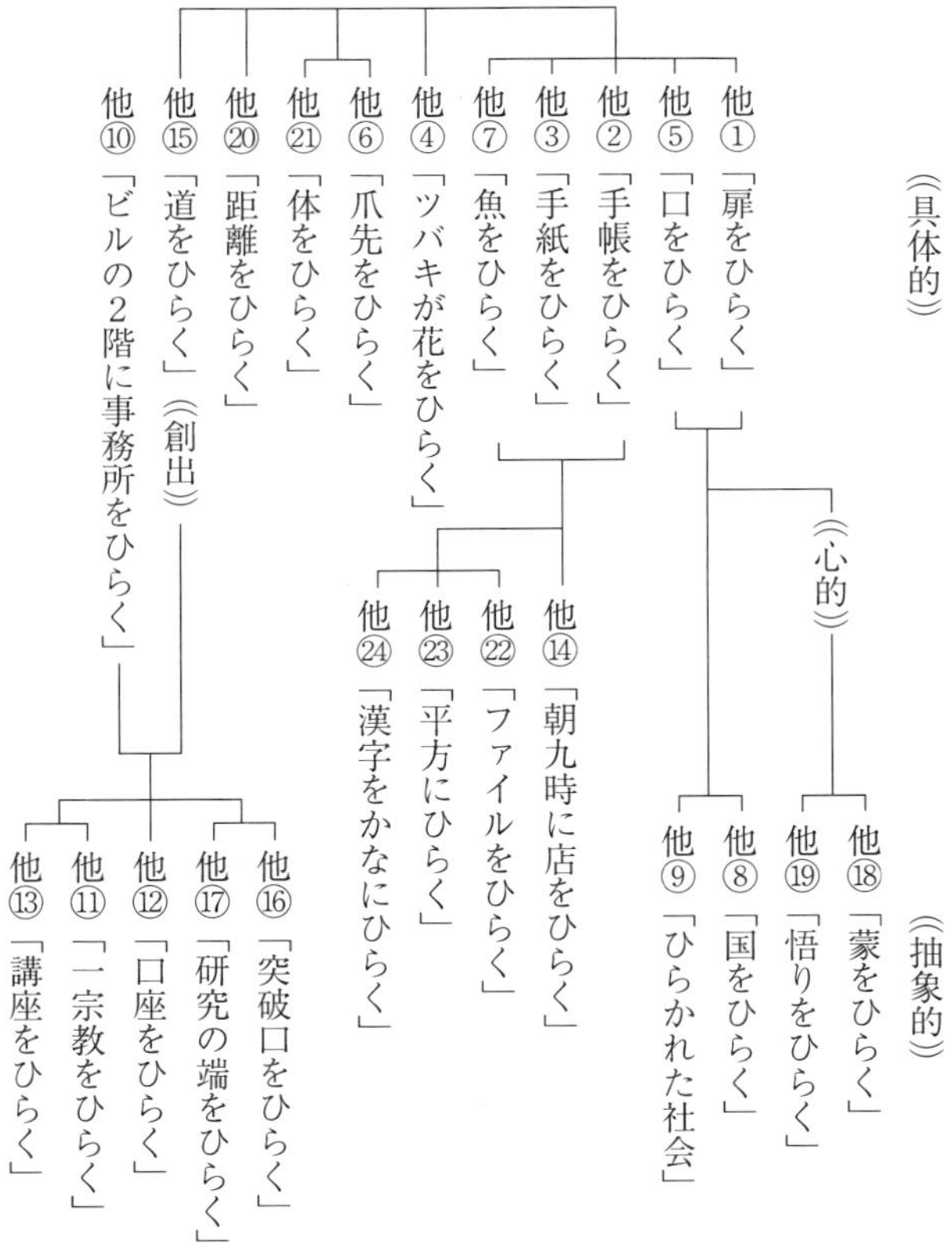

「ひらく」他動詞の多義体系図

らく」はこれに基づく抽象化で、かつ自動詞化したものである。

上群の他⑮「道をひらく」は「原野をひらく」「新田をひらく」「農地をひらく」などと同じ用法であり、新しく平面を作り出すことを指すものである。以下の他⑩から他⑬はすべて〈創設〉を意味する。他⑮「道をひらく」はさらに〈先に進んで行くことを可能にする〉という含みも持っており、それに基づく抽象的派生義が下群の他⑯と他⑰である。

最後に他動詞用法と自動詞使用法の繋がりを確かめておくと、次の通りである。

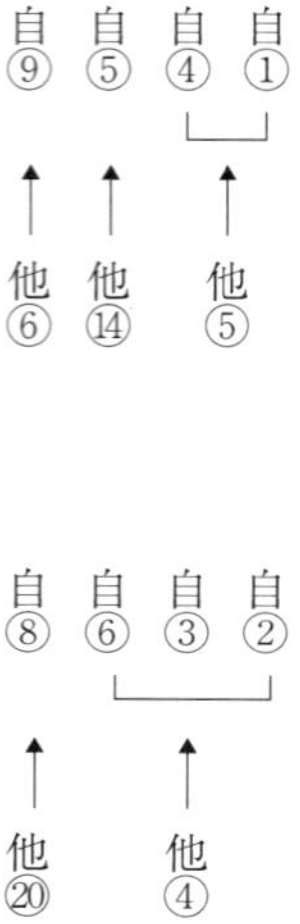

図 20

【ふく（拭く）】

「拭く」は普通は多義語とは考えられておらず、『大辞林』『大辞泉』『日本国語大辞典』などのような大型の辞典でも意味は一つしか記述されていない。そういう単義動詞をここで敢えて取り上げるのは、目的語として用いられる語の意味格の違いによって表面的に多義であるように見えるという事情があるのに、そのことに注意した辞典が『明鏡国語辞典』以外にないという理由による。短い項であるので、その全体をここに再掲する。

ふく【▼拭く】《他五》❶布・紙などを使って物の表面に付着した水分や汚れを取り去る。ふきとる。ぬぐう。「ハンカチで汗を━」❷ふくことによって、汚れた場所をきれいにする。「タオルで顔を━」「雑巾で廊下を━」◈ 語法 ①は〜ヲに〈対象〉を、②は〈場所〉をとる。可能 **ふける**

『明鏡国語辞典』では「語法」として処理されているが、これは意味格が異なるという文型の問題である。つまり❶は［対象格ヲフク］、❷は［場所格ヲフク］という文型を用いているわけである。一般に言語の記述には、主格・目的格などの文法格と動作主格・対象格・場所格・道具格などの意味格の両方を用いないと、十分な記述が出来ない。例えば「部屋を探す」という表現では、「部屋を」は文法的には目的格であるが、意味格は対象格で用いて〈間借りのために空き部屋を探す〉を意味したり、場所格で用いて〈部屋の中でなくし物を探す〉を意味したりする。このような意味格の問題は意味論研究では早くから論じられてきたが（例えば、柴田武編『ことばの意味2—辞書に書いてないこと—』三六ページ、国広哲弥『理想の国語辞典』一一二ページ以下）、一般向けの辞書で触れられたのは『明鏡国語辞典』が初めてであり、辞書編纂史上画期的なことである。

『新明解国語辞典』は第五版以降で基本的な動詞について基本文型の記述を加えた点が特徴であるが、まだ十分とは言いがたい。「拭く」の項では、〈なにデなにヲ—〉と記されているのみである。これに〈なにデどこヲ—〉が加えられなければならない。

文型の詳しい記述を主な目的とした『日本語基本動詞用法辞典』（大修館書店）でも意味格は考慮に入れられていない。この辞典ではそもそも文型の概念がはっきりしていない。「拭く」については次の二つの文型が示されている。

《文型a》［人］︷が／は︸（物で）［物・汚れ・所］をふく
《文型》［人］︷が／は︸（［物・身体部分］で）［汗・涙・よだれ・身体（部分）］をふく

ここで《文型》となっているのは、《文型b》のつもりであろうが、これでは、文型の区別はつかない。さらに「を」の前の名詞では、対象格と場所格が区別せずに扱われている。「を」の前に現れる名詞では「物・汚れ・汗・涙・よだれ」が対象格に相当し、「所・身体（部分）」が場所格に相当する。なお「［物・身体部分］で」の部分は道具格に相当する。この記述では「身体部分」が道具格としても場所格としても現れているので、この辞典の使用者はかなりまごつくことが予想される。

「拭く」の意味記述に戻る。「拭く」は、その目的語が対象格であっても場所格であっても、拭く動作はまったく同じなのであり、異なるのは拭き取る対象物（汗・汚れなど）と対象物のある場所（身体部分・机など）のどちらに焦点を当てるかという点である。この焦点の置き所によって表面的な意味は異なって現れる。それは右記の『明鏡国語辞典』の記述に示されている通りである。

【ふむ（踏む）】

「ふむ」の多義は『明鏡国語辞典』によれば次のようになっている。すべて他動詞である。

①「大地をふんですっくと立つ」
②「足をふんでミシンを動かす」
③「箱をふんでつぶす」
④「四股をふむ」
⑤「無駄足をふむ」
⑥「故郷の地をふむ」
⑦「十五歳で晴れの舞台をふむ」
⑧「正規の手続きをふむ」
⑨「天下の正道をふむ」

⑩「実現は難しいとふむ」
⑪「帝位をふむ」
⑫「韻をふむ」

全体は大きく二つのグループに分かれる。①から⑦までは具体的な足の動作を含む場合、⑧から⑫は比喩的な派生義である。足の動作を表す和語動詞としては「あるく・はしる・かける・ふむ・ける・とぶ・またぐ・つまずく・いざる」などがある。この動詞群を背景にして「ふむ」の基本義を考えてみると、次のようになるだろう。

ふむ（基本義）《足の力を用い（普通体重を利用して上下方向に）物に圧力を加える》

慣用句として「二の足をふむ」というのがあるが、これは「二歩目は進行しないで元の場所をふむ」つまり「足踏みをする」ということである。これは基本的には「ふむ」には〈進行〉の要素は含まれていないことを示しているものと解される。しかしあとで触れるように、派生的には進行の要素が生じている。「踏み迷う」には〈進行〉が含まれていると考えるべきであろう。

右のような基本義に基づいて「ふむ」の各語義を検討して行くと、①と③は同じ意味としてまとめられる。『明鏡国語辞典』の記述では「ふむ」対象が水平面か、それ以外のものであるかによって、①と③が区別されているものと見られるが、これは文脈の違いを語義に取り込んだものであり、語義そのものの違いとはみなされない。

①足を床・地面などにつける。足をおろす。また、足をおろして前に進む。踏みしめる。（下略）

③体重をかけて足で上から押さえつける。また、押さえつけた足を上下に動かす。〔意図的な動作にもそうでないものにもいう〕「箱をふんでつぶす」（下略）［明鏡国語辞典］

②「足をふんでミシンを動かす」は足を道具格で用いたものである。つまり「足で」ミシンの一部をふむのである。『明鏡国語辞典』では語義③の「語法」注記で「「ミシン［唐臼（からうす）］」をふむ」のように、〈道具〉をとる言い方もある。踏んでそれを操作する意。」と述べられているが、これは一般の意味論で言う道具格とは異なっている。上で触れた「足を踏んで…」という場合の「足」が道具格なのであり、「ミシンをふむ」の場合の「ミシン」は対象格である。その対象格の物がたまたま裁縫用の道具であったに過ぎない。道具格というのは、「ふむ」という動作を実現させるための道具、つまり「足」が帯び得る性質のことである。事柄をはっきりさせるためにほかの道具格目的語の例を示しておこう。

（1）聖堂の内部に足を踏み入れたとき、ちょうど日曜のミサが始まろうとしていた。

（武田洋平『ヨーロッパ辺境旅行』）

(2)クワガタムシを飼っていじっていると、ただ手の上を這わせたり、背中をつまんで持ち上げて、肢をもがくところを見ているだけではもの足りなくなる。（奥本大三郎『虫屋の落とし文』）

(3)バザールの一角には、この町特産の食器や箱や調度品を作る金属工芸の鍛冶屋がかたまり、日がな一日鉄床《かなとこ》につちを打つ。（佐々木徹『アフガンの四季』）

(4)女がファンデーションと口紅を拾いあげて、いそいそと三面鏡のところにゆき、化粧をはじめた。それはきつと何年ぶりかの快楽なので、顔をゆがめるようにして鏡をみつめ、パフをはたき、口紅を塗る。（丸谷才一『女ざかり』）

④「四股をふむ」と⑤「無駄足をふむ」は『明鏡国語辞典』でも「語法」で指摘しているように、結果目的語を取る場合であり、ひとつにまとめることが出来る。足（道具格）を力強くふんだ結果「四股」になるのであり、また行ってみたら結果的に「無駄足」であったということである。

⑥「故郷の地をふむ」と⑦「舞台をふむ」は共にシネクドキー（提喩）の場合としてひとつにまとめることが出来る。故郷の地をふむためにはそこまで移動しなければならないが、その最後の一歩を取り上げて「ふむ」と表現し、それによって移動行為全体を意味させているのである。

「舞台をふむ」も同様であり、実際には舞台まで行き、舞台ではいろいろと所作をするわけであるが、それを「ふむ」だけで表している。『明鏡国語辞典』は⑦の場合を結果目的語用法と注しているが、それはどうであろうか。

⑧から⑫までは実際の足の動きを含んでいない点では比喩ないし派生義と取ることができるが、①から⑤までの基本的用法との繋がりが必ずしもはっきりしない。意味分岐が進んだ結果だとして、別語扱いにするのも一つの解決であるが、古い時代の用法を見ると、別語扱いをするほどでもないことが分かる。『時代別国語大辞典　室町時代編』を見ると、❶の基本的な足の動作についての用法に続く❷は次のようになっている。

ふむ

❷自らそこに実際に足をおろして立つ。また、そうして進んで行く。

㋐そこに、足をおろす。また、そうして一歩一歩進んで行く。

㋑ある拍子をとりながら足を地におろす所作をする。また、それを繰り返して舞うことをいう。

❸実際にその立場に立つ体勢をとる。

㋐ある地位に立つ。

㋑自らその立場に身を置き、きまりにのっとって実践し、経験する。

㋒実際のところに立脚して、ある事の算定の基準とする。

❹「韻を踏む」の言い方で、詩歌において、きまりにのっとり、一定の位置に特定の韻を用いることをいう。

これを見ると、現時点で基本義から離れているように見える⑧から⑪の語義はこの室町時代（一三三六年―一五七三年）の用法にさかのぼることが分かる。⑧「正規の手続きをふむ」と⑨「天下の正道をふむ」は室町時代の❸―㋑に、⑩「実現は難しいとふむ」は❸―㋒に、⑪「帝位をふむ」は❸―㋐に、⑫「韻をふむ」は❹に結び付けられる。特に〈見当を付ける〉という意味の⑩はこれだけを見ると基本義との繫がりがはっきりしないが、室町時代の意味派生の筋道をたどれば、〈ある立場に身を置いて実体験する→その実体験に基づいて見当を付ける〉のように結び付けることが出来る。⑫の「韻をふむ」が歩行の律動面に基づくものであることも了解される。先に基本義のメトニミーと解した⑦「舞台をふむ」は室町時代の❷―㋑に繫がるものと見ることも可能である。

以上の分析に基づいて「ふむ」の多義体系図を組み立てると、次ページのようになる。

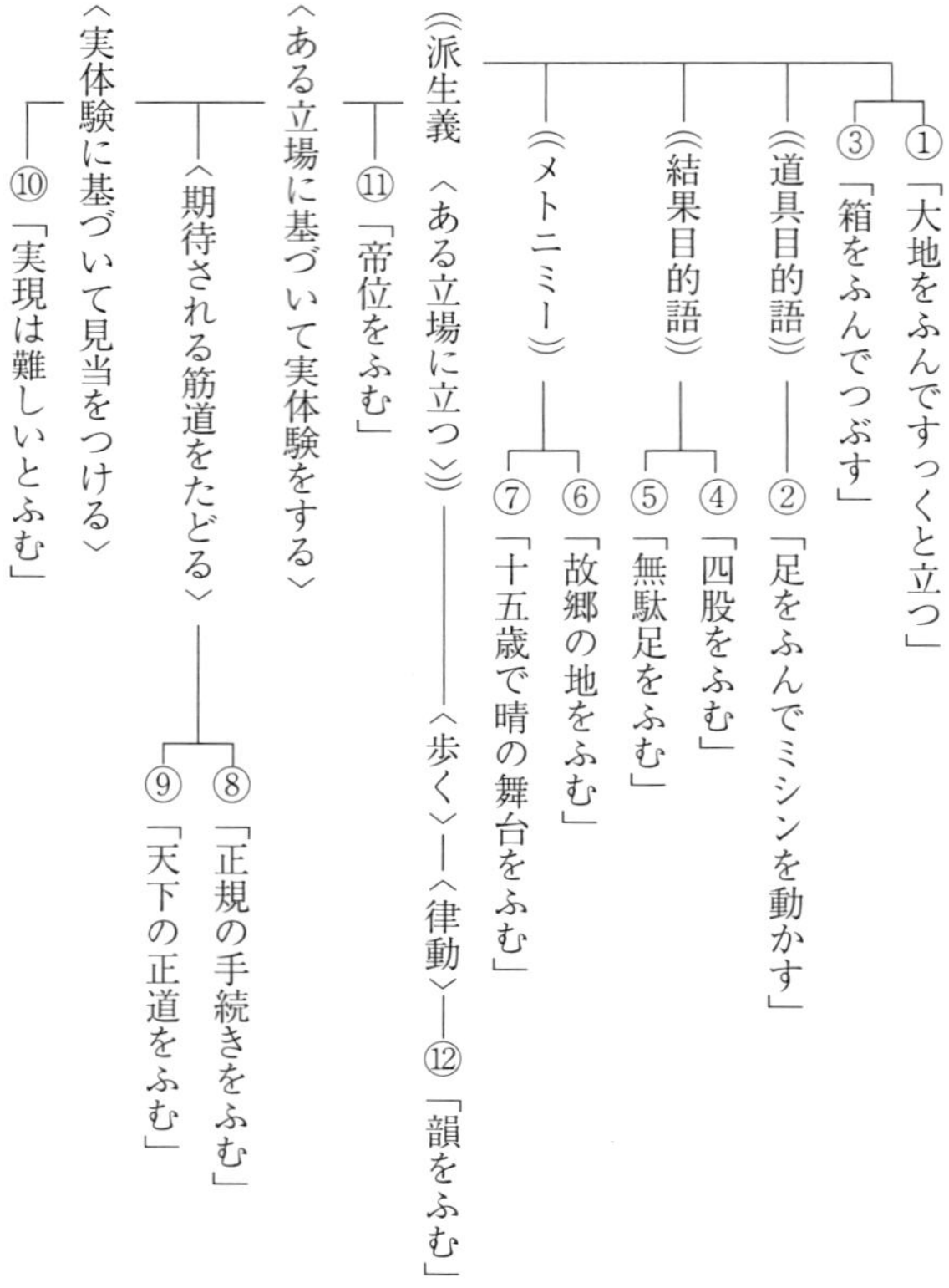
①「大地をふんですっくと立つ」
③「箱をふんでつぶす」
《道具目的語》
②「足をふんでミシンを動かす」
《結果目的語》
④「四股をふむ」
⑤「無駄足をふむ」
《メトニミー》
⑥「故郷の地をふむ」
⑦「十五歳で晴の舞台をふむ」
《派生義　〈ある立場に立つ〉》
〈歩く〉
〈律動〉
⑫「韻をふむ」
⑪「帝位をふむ」
〈ある立場に基づいて実体験をする〉
〈期待される筋道をたどる〉
⑧「正規の手続きをふむ」
⑨「天下の正道をふむ」
〈実体験に基づいて見当をつける〉
⑩「実現は難しいとふむ」

「ふむ」の多義体系図

【ふれる（触れる）】

「ふれる」については、その用法の多くは自動詞か他動詞かはっきりしないという問題がある。事実『岩波国語辞典』はこれに「自他」という品詞を与えている。『三省堂国語辞典』では自動詞第一義「さわる」の用例として①「机にふれる」、②「手をふれる」、③「脈がふれない」の三例を示している。②「手をふれる」は『明鏡国語辞典』その他の辞書では他動詞扱いをしている。このような状況であるので、この項では自他の区別はあまり問題にせず、意味的な派生関係を中心に見て行くことにする。

意味的に見た場合、「ふれる」は身体部分と物との物理的な接触が基本で、それが物以外の知覚的・心理的なものに派生的に用いられるという形を取っている。物理的な接触も実のところは触覚という知覚であるから、人体知覚から人体以外のものとの比喩的接触へと派生が起こったものと捉えるべきであろう。このような派生の大筋を捉えておいて、『明鏡国語辞典』の記述に基づいて多義構造を見て行くことにする。

- 《知覚》
  - 《触覚》
    - 自①「傷口にふれる」／他①「手をふれる」
    - 自②「前髪が額にふれる」／自③「脈がふれる」
  - 《視覚》— 自④「人の目にふれる」
  - 《聴覚》— 自④「不快なうわさが耳にふれる」
- 《比喩》
  - 自⑨「心にふれる」〈感動〉
  - 自⑧「異文化にふれる」〈体験・感受〉
- 《抽象化》
  - 《時間》 自⑦「折にふれて」
  - 《出来事》 自⑤「過去のことにはふれない」〈言及〉 → 他②「悪口をふれて歩く」
- 《影響》
  - 自⑥「法律にふれる」
  - 自⑩「怒りにふれる」

「ふれる」の多義体系図

右の多義体系図について若干の補足的説明を加えておく。もっとも基本的と考えられる「手」と物との接触の場合、文型としては五通りが考えられる。

(1)手が机にふれる。　机にふれる（省略形）。
(2)机に手をふれる。　手をふれる。
(3)机を手でふれる。（稀）　手でふれる。
(4)脈が手にふれる。

（5）手と手がふれる。

自⑨「心にふれる」は〈感動させられる〉ということであるが、同じ意味派生が英語の'touching'〈感動的な〉にも見られる。

他②「悪口をふれて歩く」の「ふれる」は〈言う〉に近いが、この意味とほかの意味との繋がりがかならずしもはっきりしない。ここでは、自⑤「過去のことにはふれない」の「ふれる」を〈言及する〉と取り、それに関連するものと捉えておく。それならば「悪口にふれて歩く」となるはずであるが、「悪口を」となっているのは、「悪口を言って歩く」との混交表現によるものではないかというのが、一つの考え方である（混交表現については、国広哲弥『日本語誤用・慣用小辞典』一七〇ページ以下参照）。

最後に、（影響）としてまとめた二用法は、基本義の〈知覚〉が見方を変えれば〈影響〉である点に着目して生じたものであると考えたためである。法律に「ふれる」と罰を食い、人の怒りに「ふれる」と反撃を食らうという結果が生じる。この影響義は時間的なメトニミーでもある。

【ほる（掘る・彫る）】

「ほる」という動詞はふつうその意味によって「掘る」「彫る」と書き分けられ、辞書でも別項目扱いをしている。しかし意味論的にいうと、両者を合わせて一個の多義語とすべきものである。そうすることによって逆に認知意味論的な人間の心の動きが明らかになってくる面もある。(11)

「ほる」の多義の全体はその基に第21図に示すような現象素を想定することによって統一的に説明することができる。図のCは立体的な母体を示し、その一部としてA、Aを除いた残りの部分としてのBを含む。「ほる」の現象素というとき、CからA部分を人間が何らかの手段を用いて取り除く動作も含んでおり、それをAからの矢印で表わす。

「現象素」の「現象」にはそういう動きも含ませてある。現実世界ではCという母体もAを取り出す作業も千差万別ではあるけれども、現象素というとき、それは多少抽象化されており、ラネカーの

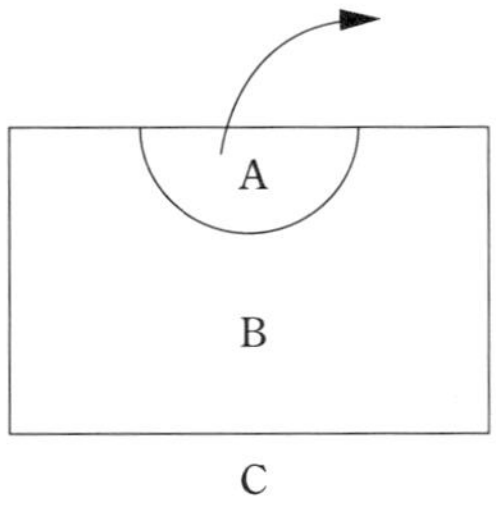

図 21　「ほる」の現象素図

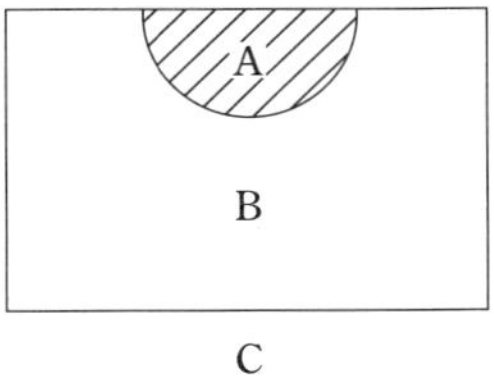

図22 「掘る」

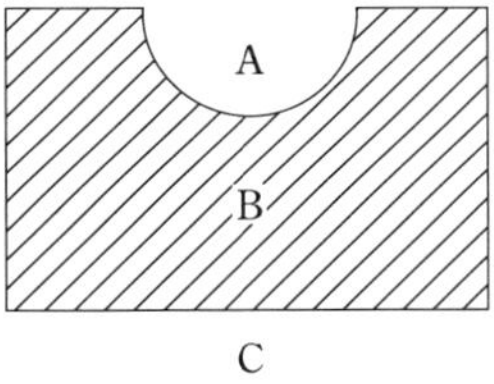

図23 「彫る」

いう「スキーマ」[12]に近いものになっている。

「ほる」が「掘る」となったり「彫る」となったりするのは、AとBのどちらを焦点化するかの違いによると言うことができる。A部分を焦点化するのが「掘る」であり（図22）、B部分を焦点化するのが「彫る」である（図23）。Aの部分を取り除く点は同一であるので、我が先人はその点を捉えて同じように「ほる」と言ったわけである。

「掘る」と「彫る」各々の場合に、目的語となる名詞の意味的な性質の違いによって用法はさらに分かれる。

A 焦点（掘る）

Aに焦点が当てられる場合、さらに三文型が区別される。

（A1）庭を掘る。

この「庭」は図のCに当たる対象目的語である。ほかに「地面・道路・畑・鼻・耳」などが来る。結果としてAという穴や溝などの空隙が生じるが、そのことは含意として裏にひそんでいる。

（Ａ２）芋を掘る。

この「芋」は図22のＡに当たる対象目的語である。類例に「木の根・石炭・石油」などがある。地中からＡを取り出して獲得するのが目的である。「木の根を掘る」では取り除くべき対象として扱われている。

（Ａ３）穴を掘る。

この「穴」もＡに相当する対象物であるが、「穴」は地中から取り出せるものではなく、掘った結果として生じるものであり、「結果目的語」として区別される。類例として「井戸・池・運河・堀・トンネル」などがある。

「墓を掘る」という表現があるが、同一の形のままで、ある場合にはＡ３の文型で用いられて「地面を掘って墓を作る」を意味し、ある場合にはＡ１の文型で用いられて「出来ている墓を掘り起こして中にある財宝を盗む」などの意味になる。

Ｂ焦点（彫る）

Ｂ部分に焦点がある場合もさらに三文型が区別される。

（Ｂ１）大理石を彫る。

Ａ１の場合と同じくＣが対象目的語である。大理石という母体の一部Ａを取り除き、Ｂという像などを得るのが目的である。

（Ｂ２）仏像を彫る。

この場合の「仏像」は結果目的語としてのＢである。仏像は立体的な物であるが、同じくＢ２の文型に属する「版画を彫る」では、Ｂは「版木」という板であり、その表面だけが問題にされている。平面的ではあるけれどもＢ２型であることには変わりがない。似た言い方ではあるが、「版木を彫る」と言えばＢ１の文型になる。

（Ｂ３）墓石に名前を彫る。

この場合「墓石」はＣという母体であり、Ａという文字の形をした空隙を作るのが目的であって、「名前」は結果目的語であるから、Ａ３と同じ文型であるということになる。しかし慣習的に「彫る」の訓漢字が用いられている。これは母体の材料もＡ部分を取り除く道具も作業もＢ２が石像である場合と同じであるところから来ているものと考えられる。さらにＡ３では、「穴」という空隙そのものが目的であるのに対して、Ｂ３ではＢという母体の表面上の形が目的であるということで、Ｂにも関わりがあるという条件が加わっている。印判にもＢ２型（凸版）とＢ３型（凹版）型があることが思い合わされる。

「背中に竜を彫る」という言い方があるが、これは文型としてはＢ３と同じである。その一種の比喩的用法と言ってよい。背中の一部分（Ａ）が切り取られるわけではないが、墓石などを彫るときの鑿の動きと彫り物の針の動きが似ているところから「彫る」が用いられているものであろう。

Ａ１の「庭を掘る」の「庭」は場所格のように見えるが、そうすると、Ｂ１の「大理石」も場所ということになりまずい。やはり「庭」は掘る動作の対象と捉えられていると考えるのがよいと思われる。

以上に基づいて「ほる」の多義体系をまとめると、次のようになる。

Ａに焦点【掘】
（１）Ｃ対象格　「庭を掘る」
（２）Ａ対象格　「芋を掘る」
（３）Ａ結果格　「穴を掘る」

Ｂに焦点【彫】
（１）Ｃ対象格　「大理石を彫る」
（２）Ｂ結果格　「仏像を彫る」
（３）Ａ結果格　「墓石に名前を彫る」

（比喩）「背中に竜を彫る」、

【まく（巻く）】

他動詞「巻く」の諸用法を見渡してみると、「木の幹にこもを巻く」のように、中心に棒状の物を持ってきて、その表面をくまなく覆うように薄い物あるいはひも状の物を位置させるという動作を基本におくと、全体がうまくまとめられるように思われる。その動作は現象素をなしているのであり、実際にはその現象素にいろいろな認知的加工が加えられて多義が発生するというかたちを取っていると考えられる。以下にそれぞれの場合を図示するが、その図示には便宜上棒状の物の断面図を用いる。現在のところ四つの型が考えられる。略称するならば、I 被覆固定、II 回転、III 痕跡、IV 再帰 である。

I 被覆固定

図24は中心の棒とそれを覆う物の両方が焦点化されており、両者のあいだに斜線がほどこされているのは、両者が密着固定していることを表わしている。表層物を指す太線の先に矢印が付い

ているのは、回転運動が先にあったことを示している。

（1）指に包帯を巻く。

（2）糸巻きに糸を巻く。

（3）傷口をタオルで巻いて出血を抑える。

この場合（1）（2）のような「…に…を」という文型と、（3）のような「…を…で」という文型が可能である。その使い分けの概略は、「…に…を」型は巻かれた〈状態〉あるいは〈形〉を作り出すことが目的であるのに対して、「…を…で」型は巻くことがある〈効果〉を目的としたものであるということである。（3）は出血を抑えることを目的として「巻いた」ことを示している。類例に次のようなものがある。

（4）肉桂の根を束ねて赤い紙のバンドで巻いたものがあった。（寺田寅彦「自由画稿」）（肉桂の根がばらばらにならないように）

（5）元結は真赤なひもで巻いていた。（司馬遼太郎『国盗り物語』）（髪の毛がばらばらにならないように）

（6）階段まで来ると、彼女はいきなり私の首を両腕で巻いて、私にぶらさがるようにした。（田村泰次郎『街の天使』）（首を下の方

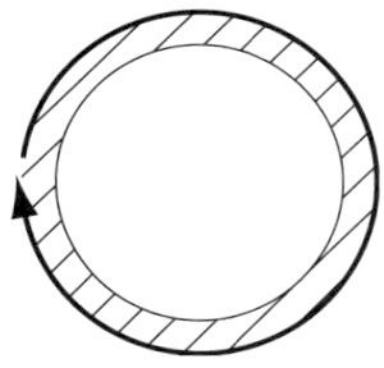

図 24

に下げてキスしやすくするために）

この二つの文型の違いは「さす」の場合にも認められる。

（7）花瓶に花を挿す。（形を作り出すために）

（8）人をナイフで刺す。（危害を加えるために）

「錨を巻く」という言い方がある。これは「錨に繋がっている鎖あるいはロープをドラムに巻く」の省略表現と見ることができるが、現実には聞き手の「錨」についての世界知識によって心の中でこのような補充的解釈がなされるのである。

II 回転

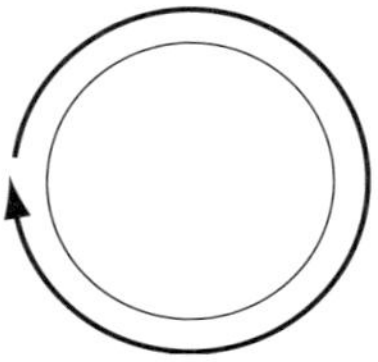

図 25

この場合は、中心の棒状の物は背景化し、その外側に見られる回転運動だけが焦点化（前景化）している。場合によっては、（9）のように中心の棒は消えて回転体だけが残る。[13]

（9）釣り竿のリールを巻く。

（10）時計のねじを巻く。

（11）［登山用語］滝を巻く。（滝を避けて、遠回りして螺旋状に登っ

て行く）

（12）丘を巻くように流れる川。［三省堂国語辞典］

III　痕跡

この用法は比喩的なものであり、IIの場合からさらに回転運動が背景化している。状況の初期段階では弧を描くような動きがあった場合もあり得るが、注意の焦点はそこに生じた弧状の形に合わされている。「巻くような動きの痕跡としての形」が描写されているわけである。

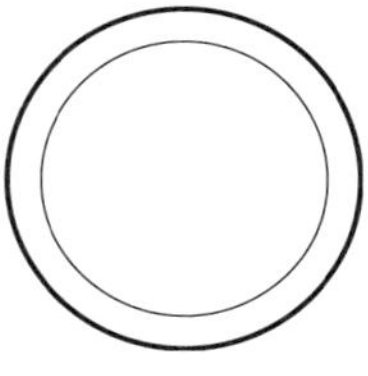

図 26

（13）一万もの軍勢が城を巻く。［明鏡国語辞典］

（14）見物人が遠巻きに巻いて（＝弧を描いて）眺めていた。

IV　再帰（reflexive）

いままでの三つの型では、背景化しながらも、中心軸が存在していたのであるが、この場合は中心軸は完全に姿を消していて、外側の巻く物自体が中心軸となって自分で自分を「巻く」ことになるので、再帰的と呼ぶ。

（15）ござを巻く。

(16)しっぽを巻く。
(17)舌を巻く。

次の(18)(19)も再帰用法であるが、(15)(16)(17)が対象目的語を取っているのに対して、これらは結果目的語を取っている。

図27

(18)川の水が渦を巻いている。
(19)蛇がとぐろを巻いている。

自動詞用法

(18)のような用法の目的語「渦」を主語に移して「渦が巻いている」とすると、表面的には自動詞用法になり、辞書にもそのように記述されているが、実質は再帰用法である。

『明鏡国語辞典』の「巻く」の自動詞用法の項には次の二例が挙げてあるが、それぞれ異なった文型に属する。

「海峡に渦が巻く」
「キャベツの葉が球状に巻く」

前者は右に触れたように結果目的語の「渦」が主語の位置に移されたものであるが、後者の

「葉」はそうではない。「葉がそれ自体を球状に巻く」から「それ自体を」が省略された形になっていて、「球状に」が結果状態を示している。つまり「波が寄せる」（↑波がそれ自体を寄せる）などと同じもので、筆者が「再帰中間態」と呼ぶものである（国広哲弥「日本語の再帰中間態」）。

「くだを巻く」という慣用句がある。これは『日本国語大辞典』によれば、「くだくだしいこと」を意味する「くだ」を「管」と取って、それに「巻く」を結び付けたものであり、「巻く」自体の意味はⅣの〈再帰〉に当たる。

【まつ（待つ）】

「待つ」という他動詞について『明鏡国語辞典』は六つの語義を区別しているが、あるひとつの見地に立つと全体は大きく二つのグループに分けられることに気付く。ただし『明鏡国語辞典』はそのグループ分けには従っていない。そのグループの一つは、出来事の実現を〈期待する〉ことを意味し、もう一つのグループはその実現を〈未来に引き延ばす〉こと、実現を遅らせることを意味する。

期待「故郷からの便りを待つ。」
引き延ばし「支払いは来月まで待って下さい。」

期待義はことの実現が早いことを望み、引き延ばし義はことの実現がおそいことを望むというふうに、心の向く方向がまったく逆である。期待義では待つのは動作主体であるが、引き延ばし義では待たされるのは相手であり、相手は意志に反して待つことになる。ことの次第を概念図で

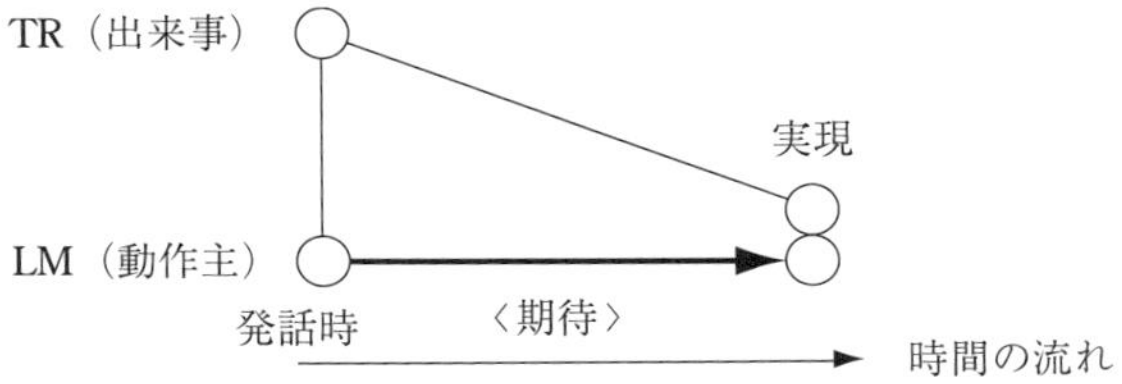

図 28 〈期待〉義

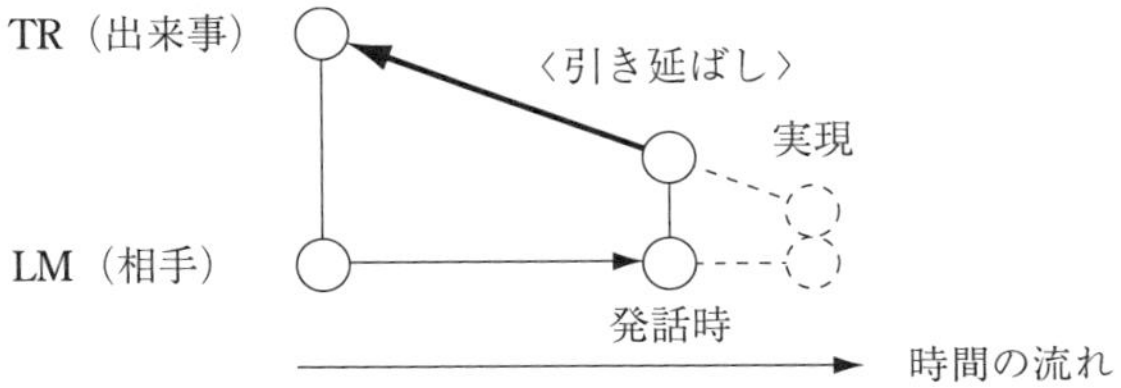

図 29 〈引き延ばし〉義

表わせば図28のようになる。

ＴＲ（トラジェクター）は「出来事」であり、ＬＭ（ランドマーク）は「待つ」主体である。時間と共に出来事は実現（ＴＲとＬＭの接触により表わす）に近づいて行き、主体はそれを期待している。〈期待〉が焦点化されていることを太線で表わす。

〈引き延ばし〉義ではＬＭは「待て」と言われた相手であり、言語表現は命令あるいは依頼の形を取る。「待て」が発話されるのは出来事の実現直前あるいはもう少し前の時点であり、実現を未来時に引き延ばすことを命令あるいは依頼する。この裏にある時間の捉え方では、未来の出来事が次々に命令主に向かって迫ってくる。その迫りくる出来事を未来に引き延ばすのである。そのように言われた相手の心理状態は挫折感・不満・苛立ちなどいろいろであろうが、要するに、期待に反する心理状態にあるのが普通である。

両義の概念図を比べてみると、太線で焦点化された矢印は「期待感」、「実現引き延ばし」と異なってはいるものの、その方向性がまったく逆であることが目立った相違点である。いずれにしても出来事の実現までには相当の時間経過が必要である点は同じであるので、そこを捉えて同じ「待つ」が用いられるわけである。

以上のような見地から『明鏡国語辞典』の語義を配列し直すと次のようになる（表記の細部は印刷の都合上多少変更する）。

〈期待〉義

①人・物・時などが来ることや物事が実現することを望みながら、それまでの時を過ごす。「駅前で友人を待つ」「故郷からの便りを待つ」「出番を待つ」「新作の発表が待たれる」

④相手の意向がわかるまで成りゆきを見守る。「先方の出方を待つ」

⑤《多く「…に待つ」の形で》…を頼りにしてまかせる。…に望みを託す。「良識に待つ」「今後の研究に待ちたい」［表記］「俟つ」が好まれる。

⑥《「論［言・言う］を待たない」「言を待つまでもない」などの形で》わざわざ言うまでもない。当然である。「支援を要することは言を待たない」［表記］「俟つ」とも。

〈引き延ばし〉義

②期限をのばす。「返済はあと一日待ってくれ」

③ある動作を途中でやめる。「今結論を出すのは待ちなさい」「待て、そこを動くな」［語法］多く相手に要求する形で使う。

用例の「返済はあと一日待ってくれ」は、「返済という出来事の実現日を一日未来に引き延ばしてくれ」ということであり、「待て、そこを動くな」は「私のいるところへ到着するという出来事の実現をしばらく未来へ引き延ばせ。そのために立ち止まれ」ということである。碁・将棋で「待った！」と言うときは、「今打った手番を取り消して、打ち［差し］直せ」と言うことである。

以上のように見てくると、〈期待〉と〈引き延ばし〉の二義はふつうに見られるはっきりした語義であると言えるが、意外なことに、手元にある国語辞典の約半数は〈引き延ばし〉義を記載していない。それは次の諸辞典である。

広辞苑第五版、学研国語大辞典第二版、国語大辞典言泉、現代国語例解辞典、新明解国語辞典第六版、角川国語中辞典。

「待つ」の二種類の命令・依頼表現

「待つ」が〈引き延ばし〉の意味で用いられるときは相手に対する命令・依頼表現の形を取ると述べたが、命令・依頼表現で用いられても〈期待〉の場合があることに触れておかなければならない。例えば母親が子供に「ここで待ってなさい。すぐ戻ってくるからね」と言う場合がその一例である。諺「果報は寝て待て」も〈期待〉義で用いられている。それでは両義の違いはどのようにして生じるかが問題となる。そこで用例を見渡してみる。

(1)代金の支払いはもう少し待って下さい。
(2)いま判断を下すのは待ちなさい。
(3)ご注文の品はまだ届いていません。もう数日待って下さい。
(4)レポート提出は来週まで待って頂けませんか。
(5)[囲碁]ちょっと待った!

これらの文脈に見られる共通点は、相手が何かを要求しているということである。つまり「あなたの要求の達成を我慢して下さい」ということである。これに対して、〈期待〉義の命令・依頼表現の場合は、自分の外の世界の事の展開を単に受動的に期待していることになる。要するに、〈期待〉義は受動行動、〈引き延ばし〉義は実現を我慢するというような能動行動であるということになる。

〈引き延ばし〉義の場合の語法注記として『明鏡国語辞典』は「多く相手に要求する形で使う」と述べているが、もっと詳しく言うならば、「相手に我慢を要求する形で使う」ということになろう。

同じ命令・依頼形で右の二義が用いられることを考えると、やはりこの二義は辞書でははっきり区別して記述すべきであると考えられる。

【まわる（回る）】

諸辞典の記述を参考にしながら全体を見渡してみると、自動詞「まわる」の用法は大きく二つに分けられる。一つは具体物に関するものであり、もう一つは具体的な動きに基づく多かれ少なかれ抽象化された動きを指すものである。そこで具体物に関するものから見てゆくと、諸用法は回転する円盤に基づいていると言うことができる。説明の便宜上、円盤の部分に図30のような記号を付ける。[14] C（＝center）は円盤の中心を指し、Aは円周上の一点を指す。Bは必要に応じて認めることになるAの対立点を指す。

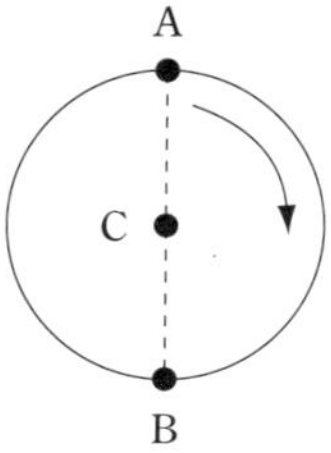

図30 「まわる」の現象素

各語義を簡単な用例の形で示すと次のようである。

（1）車輪が回る。

（2）月は地球の回りを回る。

（3）時計の針は三時を回ったところです。

（4）白バイが逃走車の前に回り込んで止まった。

用例（1）は円盤の全体を捉えた場合である。図示するならば図31のようになる。円盤全体が焦点化されていることを斜線で表わす。

用例（2）では円盤の中心点Cと、円周上の一点Aが焦点化される。円盤が回転しているために、点Aの軌跡は円弧として捉えられる。

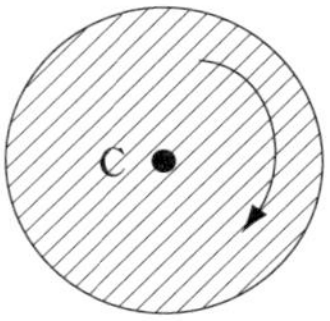

図31　用例（1）

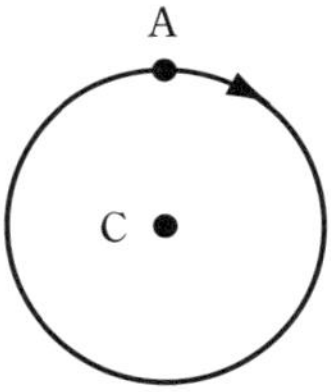

図32　用例（2）

用例（3）では円周上の点Aが少しだけ回ったところで捉えられている。用例（4）では逃走車と平行して走っていた白バイが逃走車を中心とした四分の一の円弧上を移動したと把握したものである。

次の派生的な諸用法では空間的な移動を含んではいるが、それは円弧状ではなくて、〝A―C―B〟という直行の筋道を取ってはいないことを示すために「回る」を消極的な意味で用いたものである。

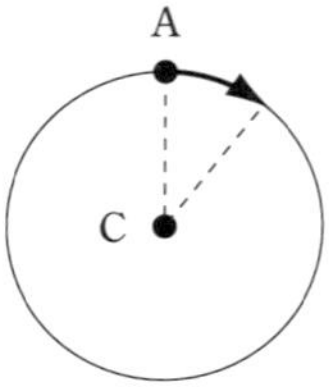

図33　用例（3）

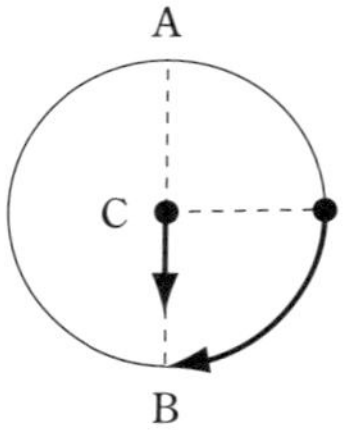

図34　用例（4）

(5)学校からの帰りに本屋に回った。
(6)午後はお得意を回って会社に帰った。
(7)酔いが全身に回った。
(8)当番が回って来た。

用例（7）のような場合、酔いが手足の先のような隅々まで届いたことを指している。そこには円形の動きはないけれども、図30に示したような全円運動に含まれる〈全体〉という概念が「全身」に派生的に適用されたものと考えられる。用例（8）も（7）に準じるものと考えることができる。当番はあるグループの中で全員に平等に当てられるものであり、その点が全周運動によって捉えられたものと考えられる。

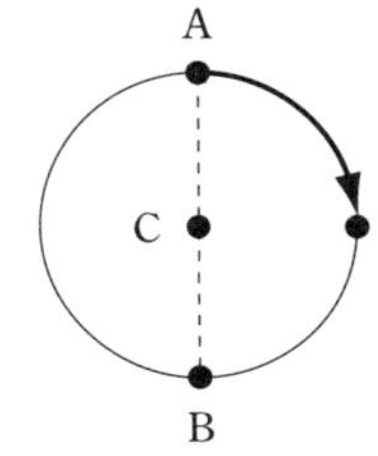

図35　用例（5）

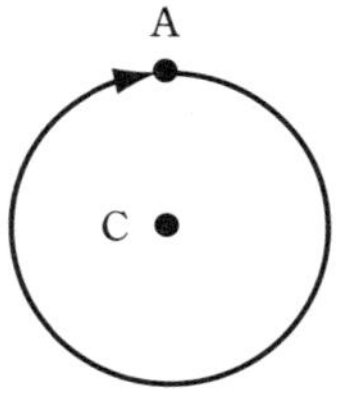

図36　用例（6）

(9)減税分は貯蓄に回った。
(10)会員の半分が反対に回った。

用例（9）（10）は同様な例であり、点Aと点Bの円形上の対立的な位置関係を抽象して取り上げたものと言うことができる。用例（9）は国が減税をし、その結果国民の手元に残ったお金が消費に回わることが期待されたのであるが、消費には回らず、それとは対立的な貯蓄に回ったということである。用例（10）も同様であり、対立点Bによって「反対」の立場を示したものである。

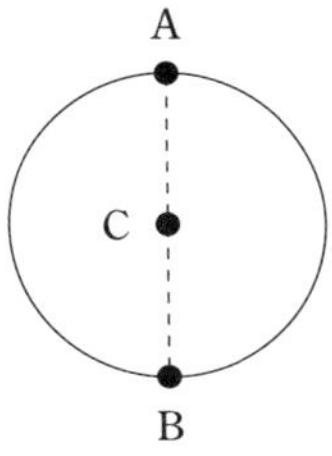

図37　対立関係

次に、円弧運動が対立点まで行かないで途中で止まったと捉えられる場合がある。出発点Aから出て、移動経路が本筋を少しはずれた位置にあるので、ちょっと努力するとか、注意を払うとかしないとそこに至らないという場合が次の（11）（12）であると考えられる。

（11）忙しくてそこまで手が回らない。

（12）彼はぼんやり者だから、そこまで頭が回らない。

最後に、（1）に基づく比喩的用法として（13）がある。

（13）彼女は頭がよく回る。

これは頭を回転部分を持った機械に喩えた用法であり、頭の働きが俊敏であるというのである。同じく頭の機械比喩に基づいた表現に「頭がすっかり錆び付いてしまった」がある。

【もつ（持つ）】

「もつ」の諸用法を見渡してみると、手に何かを持つ動作を現象素に据えると、それからの派生義として全体の語義を結び付けることができるように思われる。

「もつ」の現象素は非常に身近な動作であるので図示は省略するが、その動作をことばで描写するならば、人間が指と手の平を用いて物を保持する動作、ということになる。次に派生義は大きく二つに分けられる。一つは〈保持〉が一般化され、抽象化されて行く方向をたどるものであり、もう一つは「保持」という具体的な動作をいろいろと異なった角度から眺め、その一部分を焦点化するかたちで生じるものである。この部分焦点化は、国広哲弥『意味論の方法』（一一四ページ以下）で「部分転用」と呼んだものと同じである。

『明鏡国語辞典』の「もつ」の記述はまず他動詞一二義と自動詞一義に分けられている。それを簡単な用例のかたちで示すと次のようである。

①右手に傘を持っている。
②懐中に大金を持っている。
③海外に別荘を持っている。
④相当の広さを持つ庭。
⑤人間は感情を持っている。
⑥政治に興味を持っている。
⑦八〇年の歴史を持つ学校。
⑧悪い連中とはかかわりを持つな。
⑨一年一組を持つ。
⑩交渉の場を持つ。
⑪一人になれる時間を持ちたい。
⑫費用は主催者が持つ。
(自)酒なしでは座が持たない。
(補1)(文章語) これへ持て。[三省堂国語辞典]
(補2)(子供に) ちゃんと持ってなさいよ。

次に派生関係を図で示し、上記の諸用法を用例番号で該当部分に示す。

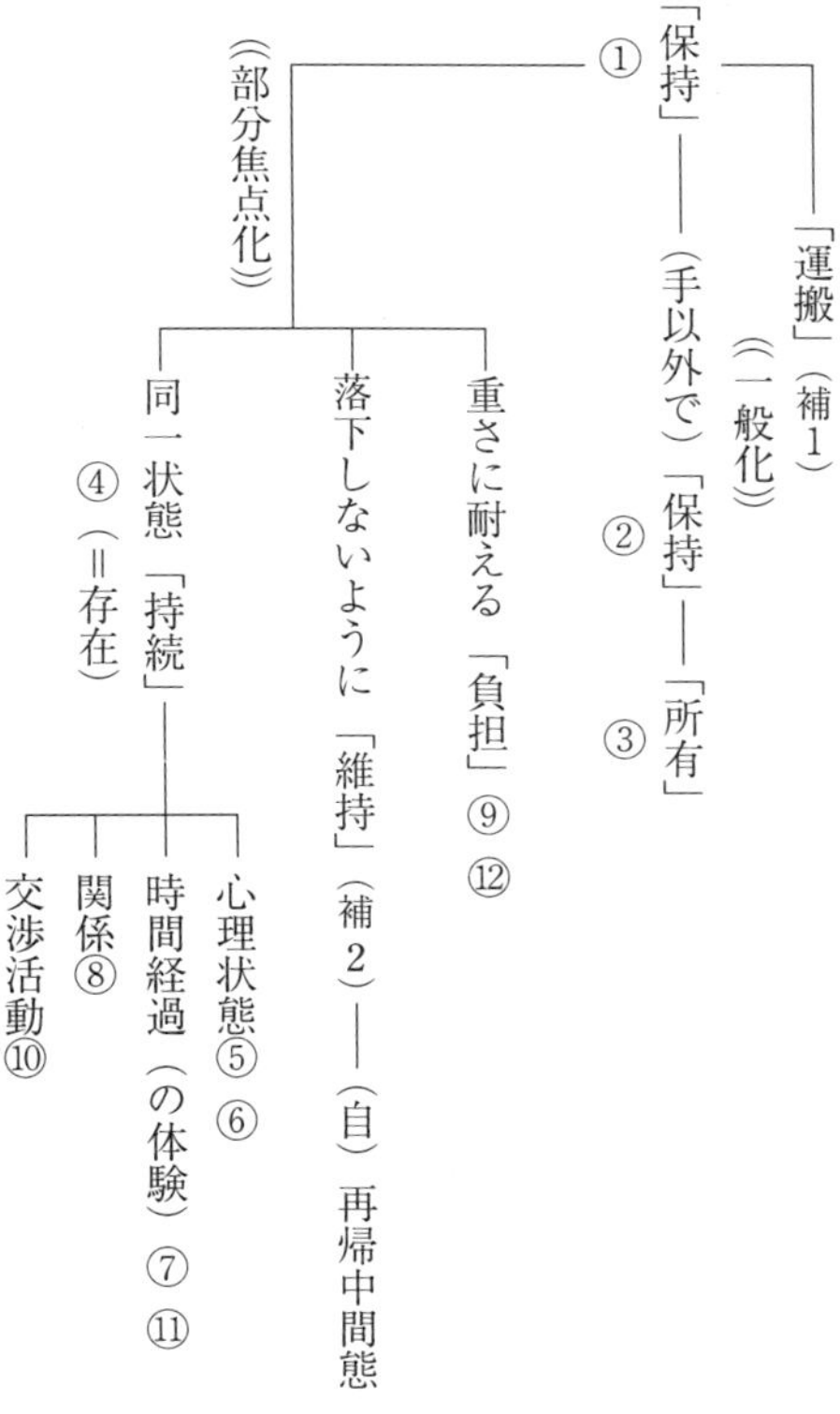

「もつ」の多義体系図

以下図の上の部分から順次に説明を加えて行く。

（補1）「これへ持て」

これは場面・文脈の働きによって「持って来い」という〈運搬〉の意味を生じたものである。したがって厳密に言えば「持つ」自体の意味ではない。「これへ」（＝ここへ）という表現だけで

〈ここまで来い〉という場面的含意を表わしているのであり、「持て」が〈手に持って〉という意味を添えている。

②懐中に大金を持っている。

これは手は使わない場合である。基本義①の中の〈保持〉の意味要素だけを利用した用法である。意味の一般化の例である。

③海外に別荘を持っている。

②の場合は手こそ用いていないが身には付けていたのであるが、③ではさらに人体から離れて抽象的な〈所有権〉を指している。

⑨一年一組を持つ。

⑫費用は主催者が持つ。

基本義の手で物を持つ場合は手で重さに耐えているので、そこから〈負担〉に耐える意味が派生したのである。⑨は心理的負担ないし責任感が感じられていることを示し、⑫は経済的負担を示している。

類例として「かかえる」がある。両腕で物を「かかえる」場合、腕は重さという負担に耐えている。そこから「大家族をかかえている」、「たくさんの仕事をかかえていて忙しい」などの用法が派生している。

『明鏡国語辞典』には示されていないが、手で物を「持つ」という動作は観点を変えて見るならば、「物が落ちないようにしている」、「物の空中の位置を維持する」という解釈を生じる。そこに基づくのが次のような用法である。

(補2)(子供に)ちゃんと持ってなさいよ。(=落さないでよ)

この派生義に基づくのが、慣用句「肩を持つ」(=支持する)である。『明鏡国語辞典』が自動詞用法として示しているのはこの意味の場合である。

(自)酒なしでは座が持たない［保たない］。

なおこれは本来の自動詞用法ではなく、「座がそれ自体を持たない」に由来する再帰中間態としての自動詞用法である。『明鏡国語辞典』に示されている次の用例も同様である。

○この天気は三日と持つまい。(=それ自体を維持しないだろう)

○酷使されては体が持たない。(=それ自体を維持しない)

『明鏡国語辞典』は⑤、⑥の二義を別義として、次のように記述している。

⑤心の働きによってもたらされる能力を備える。「人は感情を持っている」「勇気［問題意識］を持つ」［語法］言い切りでは「持っている」の形が多い。

⑥物事に対してある感情や考えをいだく。「級友に好意を持つ」「政治に興味を持つ」

この二義の記述は実質的には同じと言ってよく、両方共に〈ある心理状態を有する〉ということである。

⑦八〇年の歴史を持つ学校。

⑪一人になれる時間を持ちたい。

⑦と⑪は共に背後に時間の経過を含む点で同じ用法だと見ることができる。⑪では一人の人間が時間の経過を体験するのに対して、⑦では複数の人間が歴史という名の時間の経過を体験するという違いがあるが、それは文脈の影響によるものである。

⑧悪い連中とはかかわりを持つな。

これは人間関係を継続的に保持することを指していて、ここにも時間経過にかなり光が当てられている。

⑩交渉の場を持つ。

これについて『明鏡国語辞典』は次のように記述している。

⑩話し合いの場や機会を設ける。また、そのようにして話し合いを行う。「交渉の場を持つ」「騒音問題をめぐって集会が持たれる」

この語義記述には、興味深いことに、アスペクトの違いが含まれている。[15] 記述の前半は完了アスペクトで捉えられたものであり、交渉の場を設ける活動の全体が捉えられている。後半は未完了アスペクトで捉えられ、活動そのものに焦点が当てられている。

以上、心理状態から交渉活動までの四項目（六つの語義）をまとめて「持続」としたが、これは現象素の物を持つ状態から継続性を取り出したものと見ることができる。継続性は表現を変えるならば、「同一状態」と言うことができるので、図ではそのように示した。同一状態に直結するのが、次の④である。

④相当の広さを持つ庭。

これは「庭」が広い状態にあることを示している。『明鏡国語辞典』の④にある類例はそれぞれある状態の存在を示すものである。

○彼は丈夫な体を持っている。

○この磁器は独特の輝きを持っている。
○当局の決断は大きな意味を持っている。

【もどる（戻る）・もどす（戻す）】

「もどる」については類義語「かえる・ひきかえす」と共にすでに柴田武編『ことばの意味2—辞書に書いてないこと—』で扱われている。まず「もどる」から取り上げ、その諸用法を簡単な用例のかたちで示してみよう。

(1)サケは生れた川に戻る。
(2)同じ道を行ったり戻ったりして時間を過ごした。
(3)意識が戻った。
(4)貸したお金が戻ってきた。

「もどる」が成立するためには、ある場所を一旦離れることが前提条件となる。それはラネカー（Langacker）流の概念図、筆者のいう現象素図で明示することができる。「もどる」が使われる場合、対話者の念頭にはつねにこの図が浮かんでいるわけである。TR

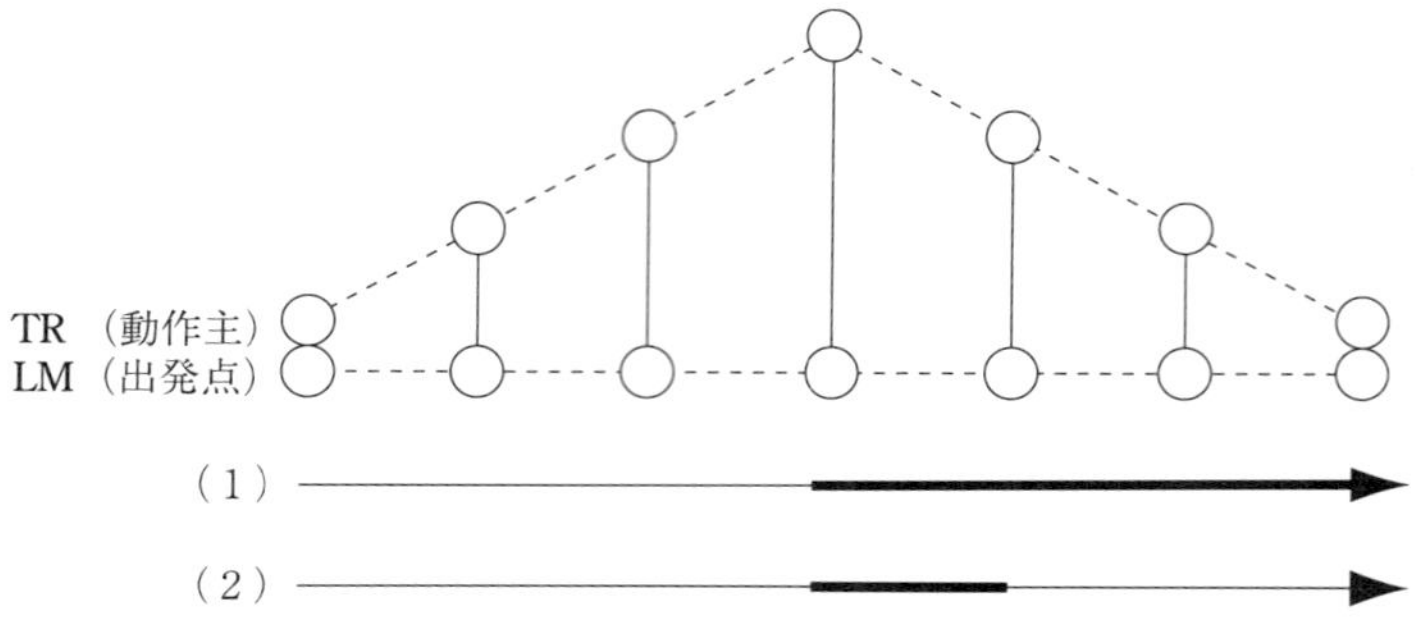

図38　「もどる」の現象素図

（トラジェクター）は動作主、ＬＭ（ランドマーク）は最初にいた場所を表わす。下側の線は時間の流れを表わしており、太線の部分は焦点化されていることを表わす。

用例（1）の場合は動作主がある場所に達した時点から元の場所に移動する部分が焦点化されている。用例（2）の場合は動作主が元来た方向に少し移動するが、元の場所に至らない部分だけが焦点化されている。たいていの国語辞典ではこの二用法が区別されているが、『三省堂国語辞典』では「①もとの場所へ帰る。引き返す。」とのみ記述され、「引き返す」の方が用例（2）の場合を指していると考えられるが、一般の使用者がその点をはっきり読みとってくれるかどうか、疑問なしとしない。

この用例（1）（2）の区別は些細なことのように思われるかもしれないが、これは多くの動詞・副詞・一部の名詞に見られるアスペクト的多義の例に当たるものである。用例（1）では元の場所に行き着くので完了アスペクトで捉えられており、用例（2）は途中までしか移動していないので、

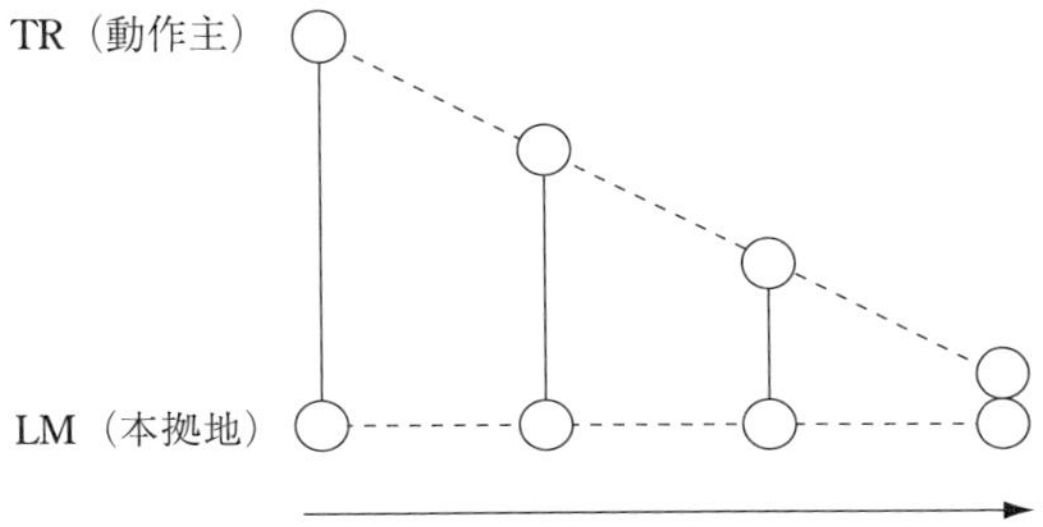

図39 「帰る」の現象素図

未完了アスペクトで捉えられていることになる。[16]

類義の「帰る」を現象素図で示すと、図39のようになる。「帰る」にも完了・未完了の場合があり得るが、図では示さなかった。

用例（3）「意識が戻った」は基本義の（1）（2）の空間移動を状態変化に比喩的に用いたものである。

用例（4）「貸したお金が戻ってきた」は「お金」に関して言えば空間移動であるが、むしろこれは所有権の移動を指す比喩的用法と見るべきである。

次に他動詞形「もどす」には文法的に異なる二つの用法が区別される。一つは「もどる」の使役的他動詞用法であり、〈働きかけて「もどる」ようにする〉という意味を持つものである。

（5）使った道具を棚に戻す。（空間移動）
（6）計画を白紙に戻す。（状態変化）
（7）借りたお金を戻す。（所有権の移動）

(8)千切り大根を水に浸して戻す。(この場合「元の状態に」は表現されない)

(9)食べた物を戻す(=嘔吐する)。

もう一つの用法は、「小幅ながら相場は戻した」のように表面的には自動詞に見える場合である。これは筆者が再帰中間態と呼ぶ用法で、本来は「それ自体を戻した」と言うべきところであり、そこから「それ自体を」が省略されたものと考える(国広哲弥「日本語の再帰中間態」)。株式用語にはほかにも再帰中間態用法として「株価が上げる・下げる」がある。

「もどる・もどす」の多義分岐は次のようにまとめることができる。

基本義　《元への移動・変化をする》

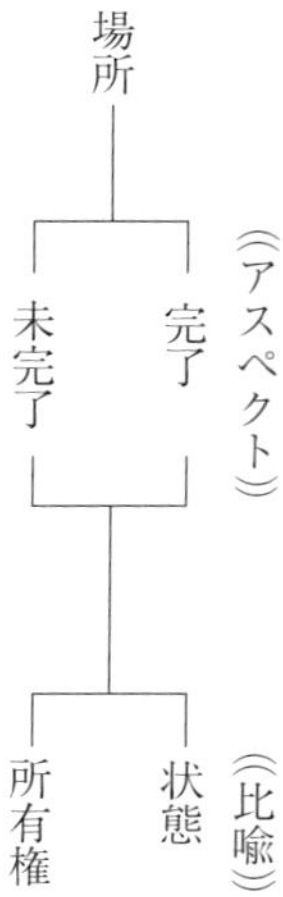

【もむ（揉む）】

「もむ」という他動詞がどういう動作を指すかは、次の代表的用例を見ればはっきりするであろう。

(1)紙を両手でもんで柔らかくする。
(2)首筋を指先でもむ。
(3)凝った肩をもんでもらう。
(4)シャツのしみをもみ洗いする。

ここに共通して見られることは、両手あるいは片手の指を用いること、対象物に圧力を加えること、その動作を繰り返すこと、である。しかしこれだけだとそば粉などを「練る」ときの両手の使い方とどう違うかが問題となる。そこで後の方で取り上げる「もむ」の派生的用法も視野に入れて「もむ」の特徴を取り出すと、圧力の加え方が〝多角的〟であるということである。つまり対象物に対していろいろな角度から圧力を加えるのである。それが一定の角度だけなら「押す」ということになる。このような多角的加圧が可能であるためには、対象物はある程度柔らかくなければならない。以上の観察に基づいて「もむ」の現象素を言語で表現すれば次のようになるであろう。これは同時に実質上の基本義（＝意義素）の記述であると言うことができる。

もむ 《ある程度柔らかい対象物に対して両手あるいは指で多角的に繰り返して圧力を加える》

右記の四例とは少し状況の異なる用法として（5）がある。

（5）錐をもむ。

この場合、対象物の「錐」は回転運動を起こしており、これは右の例にはなかった要素である。しかし両手を擦り合わせるように交互に前後に動かす点は用例（1）の「紙をもむ」場合と共通である。つまり（5）は（1）の両手擦り合わせの部分を取り出して用いた部分焦点化の用法であると言うことができる。以下にほかの部分焦点化の用法を見て行くが、それらが最早両手を使わなくなっているのに対して（5）は（1）から（4）までと同じく両手を使っている点で両グループの中間的な用法であると言うことができる。

部分焦点化

「もむ」の現象素の中に含まれる〈多角的加圧〉の点に焦点を絞った用法（＝部分焦点化）として、次のようなものがある。

（6）湯をもむ。

これは「湯を練る」ともいうが、温泉などで熱い湯を両手で持つような長くて幅の広い板で掻き回す動作を指す。湯をさまざまな角度から掻き回すので、「もむ」が用いられるものと考えられる。

（7）神輿をもむ。

神輿をあらゆる角度にゆり動かす点を捉えて「もむ」というのだと言える。

（8）人込みにもまれる。

体と体が触れ合うような混雑の中を歩くと、あらゆる方向から人に押される。多方向加圧である。相撲の稽古などで「いっちょもんでやろうか」というのもここに属する。

比喩的用法

以上の例では、いずれも物理的な加圧が見られたが、心理的な意味での加圧の場合もあり、この場合もいろいろな角度からの加圧が関係している。

（9）世間の荒波にもまれる。

これは世の中でいろいろな方面からの社会的・対人的な圧力が加えられることを意味している。

（10）この案件は会議で十分にもむ必要がある。

これは案件の内容にいろいろな角度から検討を加えることを意味している。

（11）気をもむ。

これはいろいろなことを考えて心配する、つまり心に圧力を加えることを意味している。

以上をまとめると次のようである。

もむ　（基本義）《ある程度柔らかい（＝可塑性のある）対象物に対して両手あるいは指で多角的に繰り返して圧力を加える》

「もむ」の多義体系図

【もる（盛る）】

他動詞「盛る」の用法を用例のかたちで示すと次のようになる。

(1)茶碗に飯を盛る。
(2)土手に土を盛る。
(3)薬を一服盛る。
(4)宣言に新味を盛る。

ほかに「秤に目を盛る」という用法もあるが、現在は使わないので省略する。

全体を体系化しようとするとき問題となるのは、（1）と（2）のどちらを出発点におくか、ということである。どちらを出発点にしても意味分岐の説明を付けることはできる。しかし古い時代を見てみると、（1）の方が先であることが分かる。『時代別国語大辞典上代編』を見ると、「もる」には〈器に食物をいっぱいに入れる〉一義しか示されていない。現代、神様に捧げる飯《いい》が山盛りにされていることからも推察されるように、古代も山盛りにされていたと推察されるので、その姿から（2）のような用法が生じたものと考えられる。そのかたちの類似性に基づいて薬に転用されたのが（3）の用法である。『明鏡国語辞典』をはじめ、他の辞典でもこの意味を〈薬を調合して飲ませる〉と記述していて、「飲ませる」ところまでを含ませている点が注目される。薬を盛るのは人に飲ませるという非常にはっきりした目的を持った動作であるので、その動作の含意が語義の中に取り込まれた例であることになる。含意の語義化の例としては「子供に手を上げる」がある。手を上げたからには子供をたたくという含意があるわけであるが、それが語義として定着してひとつの慣用句が成立したものである。

（4）の用法は（1）の食物を器に「盛る」動作の部分焦点化であり、かつ抽象化した派生義である。器に食物を入れる動作は、観点を変えれば〈器に食物を加える〉ことであるので、その点を取り出して抽象的な事柄に適用したのが（4）の「宣言に新味を盛る」であると言える。以上をまとめると、次のようになる。

（1）「茶碗に飯を盛る」
- 《外形類似》（2）「土手に土を盛る」
  - （3）「薬を一服盛る」
- 《付加》＋《抽象化》（4）「宣言に新味を盛る」

「盛る」の多義体系図

【やく（焼く）】

まず他動詞形「焼く」を見て、次に自動詞形「焼ける」を見る。多義の全体を見ると、《高温で加熱する》を基本義におくと、各派生義が無理なく繋がるように思われる。

基本義の《高温で加熱する》は魚などなら黒く変色し、木片などの可燃物であるならば燃え上がるような高温を指している。

（1）火箸の先を火鉢で焼く。

これは基本義がもっとも純粋なかたちで現われる場合である。ふつう鉄製である火箸の先は赤くなるだけで、燃えることも黒くなることもない。しかし（2）の魚などの場合は品質が変化したり黒く焦げたりする。

（2）魚を焼く。

- 《高温で加熱する》
  - 《対象目的語》
    - (1)「火箸の先を火鉢で焼く」
    - (2)「魚を焼く」
  - 《結果目的語》
    - (3)「パンを焼く」
    - (4)「茶碗を焼く」
- 《部分焦点化》
  - 〈燃焼させる〉(5)「失火で家を焼いた」(灰になった)
  - 〈黒く変色させる〉
    - (6)「肌を焼く」
    - (7)《結果目的語》「写真を焼く」
  - 《焦点化》《情報移行》—(8)「情報をCDに焼く」
- 《比喩》—(9)「二人の仲をやく」
  - (10)「手を焼く」
  - (11)《慣用句》「世話を焼く」

「焼く」の多義体系図

（1）（2）は対象目的語の場合であるが、結果目的語を取る場合として（3）（4）がある。

（3）パンを焼く。

（4）茶碗を焼く。

「焼く」対象の性質によっては〈燃焼〉したり〈黒色に変化〉したりするが、この要素が部分焦点化される場合がある。（5）は燃焼させる場合である。

（5）失火で家を焼いた。

次に黒色に変化する要素のみが取り出される（6）（7）の用法がある。この場合は基本義の〈加熱〉の要素は消えている。もっとも（6）では日光による多少の加熱はあるけれども、そのことは普通念頭にないと思われる。

（6）海岸で肌を焼く。

（7）（ネガから）写真を焼く。

（7）は昔、白黒の写真しかなかった時代に生じた用法であるが、現在ではカラー写真にも拡張して用いられている。この写真に関する用法では映像をネガから印画紙に〈移す〉過程が含まれているので、その点に焦点を合わせて生じたのが（8）の情報を移動させる用法である。

(8)情報をCDに焼く。［明鏡国語辞典］

次に比喩的な用法として〈嫉妬する〉という意味の「やく」がある。ふつうは目的語なしに「あんた、やいてるのね」のように用いられるが、(9)のように目的語を取ることもある。

(9)二人の仲をやく。

この用法は、起源的には「心を焼く」から〈心を痛めつける〉、さらに〈嫉妬する〉と意味変化した段階で「二人の仲を」という目的語を取るようになったものと解される。

次の比喩的な慣用句(10)(11)では加熱とか変色とかの物理的な現象は含まれていない。

(10)手を焼く。

(10)は〈処置に窮する〉という意味であるが、この意味に至った筋道を考えてみると、元の物理的な意味での「手を焼く」に含まれる火傷などの〈被害〉の要素が利用されていることに気付く。もう一つの慣用句である、

(11)世話を焼く。

は表面的に見たのでは説明が難しいが、日本語では稀な混交表現と見ることができる。つまり次

の（A）と（B）が意味の類似性を契機として重ねられていると見るのである。

（A）世話をする。

（B）肝を焼く。

「肝を焼く」は〈世話をする〉に類する意味の慣用句であるので、両者が重ねられたというか混線を起こして「世話を焼く」が生じたと考えるわけである。数少ない類例の一つとして、「的を射る」と「当を得る」が混交を起こした「的を得る」がある。(17)

【やける（焼ける）】

「焼く」の自動詞形「焼ける」の語形の成り立ちは'yak-e-ru'であり、'e'は'ar, re'と並んで自動詞接辞の一つである（岡田英俊「日本語自動詞・他動詞の音韻分析」参照）。また「焼ける」は非対格自動詞でもあり、その語義は「外部からの影響による受動的な状態変化の結果を指す」という要素を持っている（影山太郎編『日英対照　動詞の意味と構文』二五五ページ）。早津恵美子は「焼く・焼ける」のような一対を「有対他動詞」と呼び[18]、その語幹部分の意味的特徴として、「働きかけの結果の状態に注目する動詞が多い」と言う。例えば「干す」に対して「乾く・乾かす」は有対動詞であるが、確かに結果状態が焦点化された意味を持っている。

早津は他動詞形と自動詞形のあいだの意味の差については何も述べていないようであるが、拙見では他動詞形では働きかけの方に、自動詞形では結果状態の方に重点が偏っているという意味の重なりがあるように思われる。この点が原因ではないかと考えられるが、「焼く」と「焼ける」の多義は必ずしも平行していない。例えば「芋を焼く」とも「芋が焼ける」とも言えるので、この場合は意味が平行しているが、「西の空が赤く焼けた」と言えるのに対して、「?夕日が西の空を赤く焼いた」とは言えないのではないか。これは夕焼けという自然現象が太陽の力とは直接に結び付いていない気象的な結果であるためと考えられる。同様に、「西日が当たるので畳が焼けて困る」とは言えるが、「?西日は畳を焼く」とは言いにくい。「食べ過ぎで胸が焼けた」とは言うが、「?食べすぎは胸を焼く」とは言えないであろう。この三用法以外は他動詞形と自動詞形は用法が平行しているので、ここでは繰り返さない。

【やすむ（休む）】

「やすむ」の多義を『明鏡国語辞典』の記述に基づいて用例のかたちで示すと、つぎのようになる。

自動詞用法
（1）食後横になって休む。
（2）毎晩十時に休む。
（3）会社を休む。

他動詞用法
（1）仕事を休む。
（2）体調を崩してジョギングを休む。

『明鏡国語辞典』の記述でひとつ問題なのは、自(3)の「会社を休む」が目的語を取っているにもかかわらず自動詞として記述されていることである。確かに「道を歩く」、「故郷を離れる」などでは「を」を取っていても自動詞扱いするのが普通である。しかし「会社を休む」の場合は事情が少し違うのではないか。「休む」の基本義は《疲労回復のために動物が活動を中断する》であると考えられるが、「会社」の意味の重要な部分として、〈人間が何か活動をする場所〉という意味要素を持っているのであり、その「活動」を「休む」のであるから、「道を歩く」の場合の「道」のように単なる場所を指すのとは異なっていると見るべきであろう。同じことは「学校を休む」の場合にも言え、これは「授業を受けることを休む」のである。つまり、「会社を休む」は次の多義体系図の他(1)の「仕事を休む」と同じものであるということになる。ただし「会社」は活動的要素のほかに組織、特定の目的などほかの要素も持っているので、活動的要素は「会社」の意味の中に含まれており、それが時には「会社の仕事」のように表面化されることもあると考えるべきであろう。[19] 以上のような予備的な考察を踏まえて「やすむ」の多義体系を考えてみると、図のようになる。

四角で囲んだ「疲労を回復するために〈ある場所での〉活動を中断する」が「休む」の基本義に相当する。活動には肉体を動かす場合と精神活動の場合とが含まれている。疲労を回復するもっとも普通の手段は横になることであるので、〈横になる〉という含意が生まれ、それを利用したのが婉曲表現としての〈寝る〉という意味である。基本義の中の〈中断〉は含意として〈いずれ活動を再開する〉を持っている。

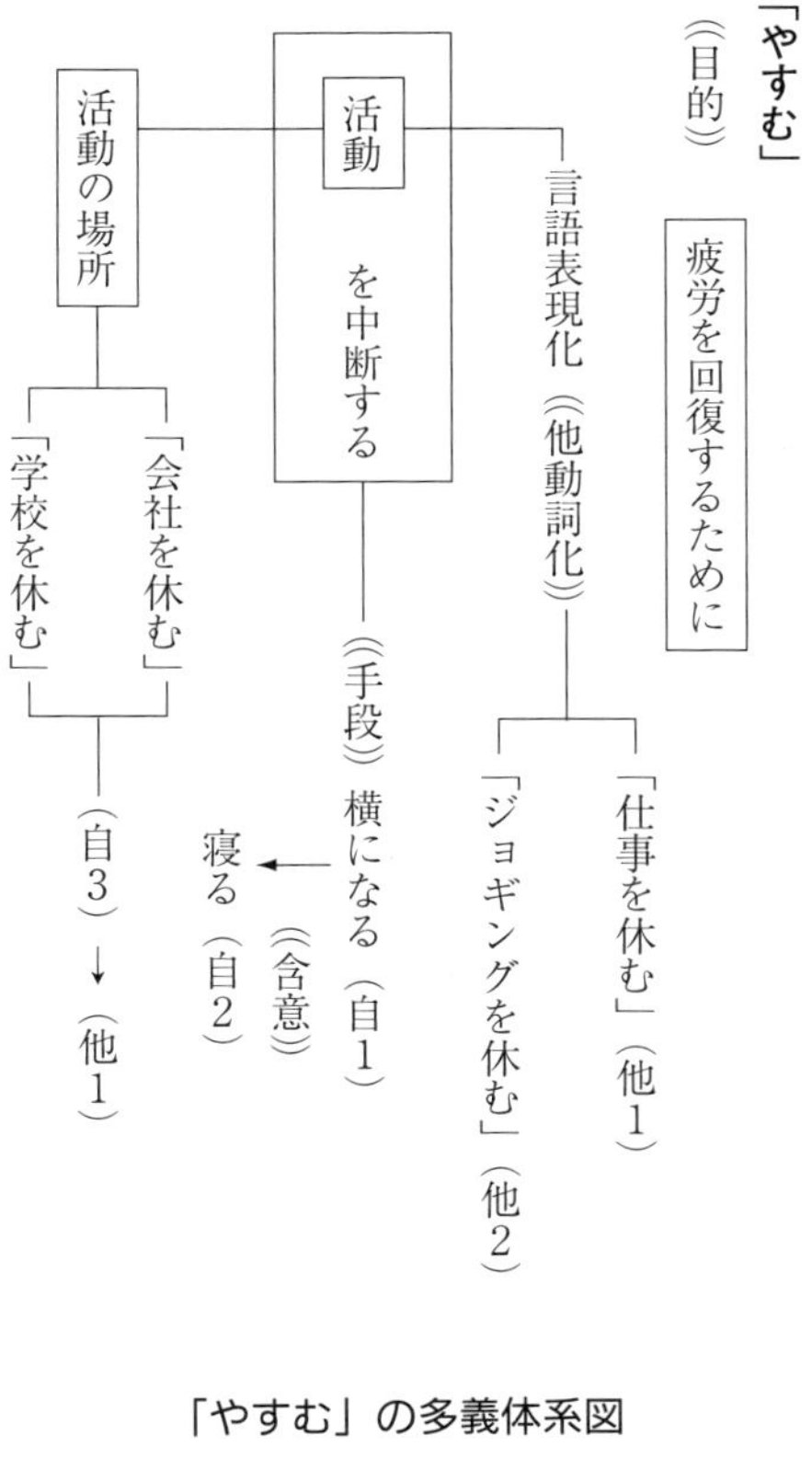

「やすむ」の多義体系図

【やぶる（破る）】

他動詞「やぶる」の現代の中心的な用法はおそらく紙や布のような薄くて柔らかい物を対象にする場合であろう。しかし古くはそうではなかった。『時代別国語大辞典上代編』を見ると、「①くだく。こわす。そこなう。害する。②相手を負かす。打ちやぶる。圧倒する。」の二義しか記述されていない。このような歴史的事情も考慮に入れて「やぶる」の多義を見渡したうえでその基本義を想定すると、次のようになるだろう。

やぶる（基本義）《構造体の障壁を破壊する》

『明鏡国語辞典』の記述に基づいて「やぶる」の多義を用例のかたちにすると、次のようになる。便宜上元の第一義は（1）と（2）に分ける。

(1)手紙を破る。
(2)ひなが卵の殻を破る。
(3)賊が牢を破る。
(4)左中間を破るヒット。
(5)悲鳴が静寂を破る。
(6)世界記録を破る。
(7)チャンピオンを破る。
(8)約束を破る。

この用例を見ると、(1)と(5)を除いてあとはすべて何らかの「障壁を突き抜ける」という意味に関連させることができる。(3)の「牢を破る」は基本義そのものである。次に基本義に近いのは(7)「チャンピオンを破る」である。この場合の障壁は相手の実力であって壁ではないが、物理的な力がからんでいるので、基本義に近いと見た。あとの用例はいずれも心理的に設定された何らかの抽象的な壁がからんでいる。(4)の「左中間」は野球の試合では抜けてはならない目に見えない障壁であり、(6)の「世界記録」は凌駕することが難しいという意味で体力的・技術的な障壁をなしている。(8)の「約束」や「規則」は守らなければならないという倫理的・社会的な圧力と結び付いているので、その心理的な拘束力が障壁となっている。

残った（1）の紙を「破る」場合は、「牢を破る」や「壁を破る」などの物理的障壁の持つ平面性に着目し、障壁性は弱くても「破る」を流用したのが発端であったと思われる。このような派生は部分焦点化であると同時に〃意味の弱化〃の例である。（2）の卵の殻の場合は紙や布よりも障壁性が強いと考えて別扱いにした。『明鏡国語辞典』では（1）と（2）を同一の語義①の中で扱っている。

最後に残った（5）は「静寂・沈黙・夢・平和」などを対象とする場合を指す用法であるが、これは障壁そのものとは関係がない。「平和」は障壁というよりはむしろ歓迎されるべき状態である。この用法は、障壁面の〃連続性〃に注目した部分焦点化の例と考えられる。つまり連続していたある状態をそこで絶ち切るのである。

以上の多義派生の状況を体系的にまとめると次の図のようになる。

「沈黙を破る」は英語でも'break silence'と言い、平行的な派生状況を示している。'break'の基本義は《構造体の連続性を絶ち切る》と仮定されるが、その派生用法は「破る」とは同じではなく、'break a line'には「紐を切る」が対応するなどのずれがある（国広哲弥『意味の諸相』）。

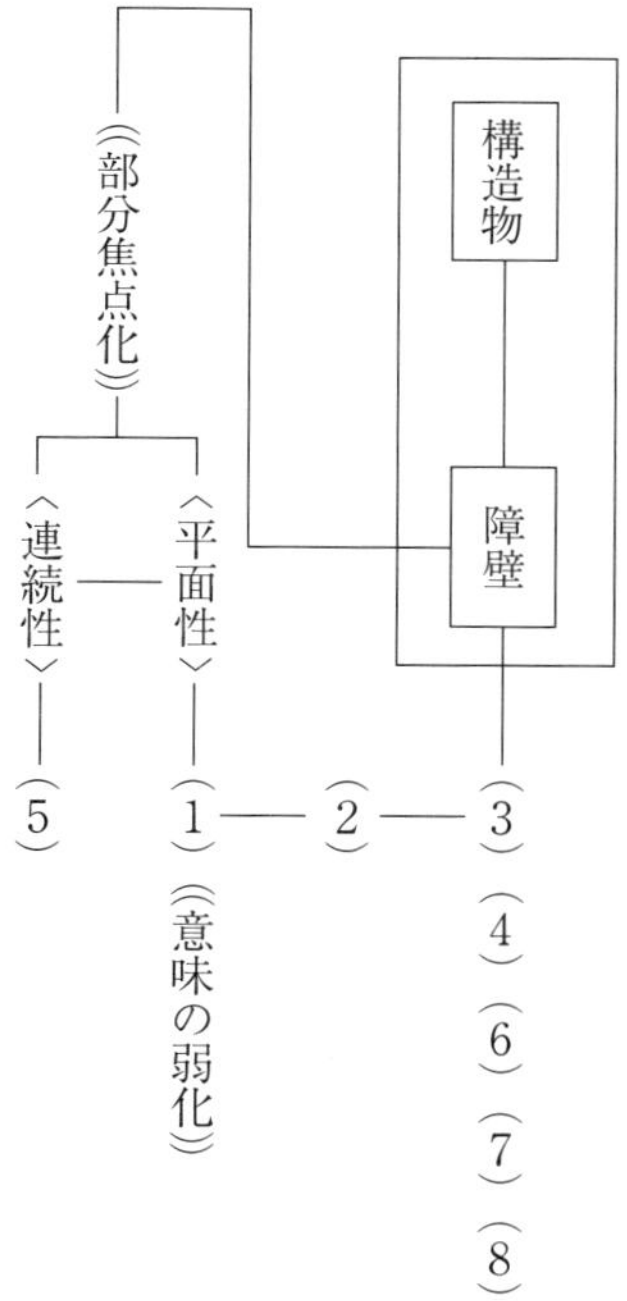
構造物
障壁
《部分焦点化》
〈連続性〉
〈平面性〉
(5)
(1)
(2)
(3)
(4)
(6)
(7)
(8)
《意味の弱化》

「やぶる」の多義体系図

【よぶ（呼ぶ）】

他動詞「呼ぶ」の全用法を見渡してみると、その基本義は《離れたところにいる相手の注意を引いたり、招いたりするために相手の名前を用いて声をかける》としてよいと考えられる。相手がすぐ近くにいるときには、互いに存在が分かっているのでわざわざ声をかけるまでもないであろうから、「呼ぶ」必要があるのは相手が多かれ少なかれ離れたところにいる場合であると考えて「離れたところにいる」を入れてある。そこには直接目に見えない遠いところも含まれる。「相手の名前を用いて」という要素を入れたのは、それが普通であるし、また派生義を説明するためにも必要だからである。

『明鏡国語辞典』の第一義「相手の注意を引くために声を出す。」の用例「おいと呼んでも返事がない」では名前が用いられていないが、「おいと呼ぶ」という用法は筆者の語感では普通ではない。夏目漱石『草枕』第二章の冒頭が「『おい』と声を掛けたが返事がない。」となっていることからも分かるように、「おい」という発声は「声を掛ける」で受けるのが普通であろう。ただ

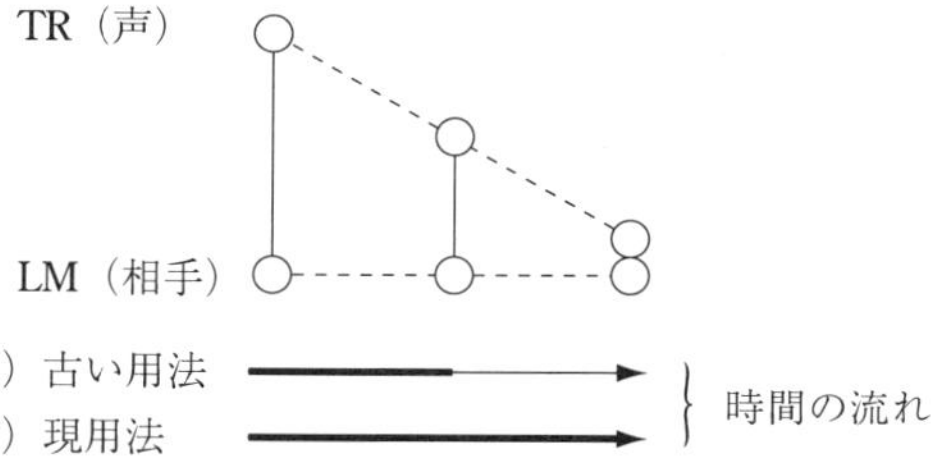

図 40　「呼ぶ」の現象素図

し、「おーい」と大声で言うときは「呼ぶ」が許される。

『時代別国語大辞典上代編』の「よぶ」に、今は使われていない用法として「舟や狩のとき声を立てる」という用法が認められているが、これを説明するためには現象素図を用いる必要がある。

古い用法「声を立てる」の用例として万葉集三六二二番の次の歌が示されている。

○月《ツク》よみの光を清み夕凪に水夫《カコ》の声呼び浦廻《ウラミ》漕ぐかも

この歌は〈月の光が清らかに澄んでいる夕凪の中に水夫が声を上げながら浦のあたりを漕ぎ回っていることよ〉というような意味であり、「呼ぶ」は威勢を付けるための発声を指していると解される。つまり直接に目指す相手はいないわけである。これを上図では（1）で表わしている。時間の流れの太線の部分のみが焦点化されている。それに対して、（2）の現用法では声が相手に届くまでが焦点化されている。この古い用法は現在では物売りの「呼び声」、「呼び売り」という複合名詞の中に生き残っている。例えば「金魚、きんぎょー」という呼び声は商品の名前を言っているだけで、特定の聞き手を意識したものではない。

「呼ぶ」の現用法を『明鏡国語辞典』の用例を資料として示すと次のようである。

(1)名前を呼ばれて手を挙げる。
(2)電話でタクシーを呼ぶ。
(3)クラス会に恩師を呼ぶ。
(4)シルクロードと呼ばれる交通路。
(5)半額セールで客を呼ぶ。
(6)見事な演奏が感動を呼ぶ。

多義の体系図を作ると、次ページのようになる。

「呼ぶ」の目的は大きく二つあり、一つは相手の注意を引くこと、もう一つはお客様として遇し、その文化的含意としてご馳走をすることである。用例（1）は前者、用例（3）は後者に当たる。相手の注意を引くもっとも効果的な方法は相手の名前を用いることである。この用法から〈相手の注意を引く〉という目的の部分を消し去り、その手段〈名前を用いる〉の部分を部分焦点化して取り出した用法が用例（4）で、意味は〈命名する〉である。

二番目の目的である〈相手を招く〉ということは、含意として相手に自分のところに来てもらうことを含んでいる。お客様扱いの部分を背景化して、〈自分のところへ来てもらう〉部分だけを部分焦点化した用法が（2）のタクシーの場合と（5）の商店のお客の場合である。商店の「客」は美称であり、実際はお金を取られる立場にある。

〈自分のところへ来てもらう〉対象は人間であるが、それを比喩的に出来事に適用したのが（6）の用法である。人間の場合は空間の移動が関わっているが、出来事の場合はそれが〈引き起こす〉に変わる。用いられる名詞には「感動・関心・憶測・共感・評判・人気・噂・論議・話題」などの人間に関するもののほかに「高値・湿気・涼・嵐・風・波紋・反響」などの環境的な

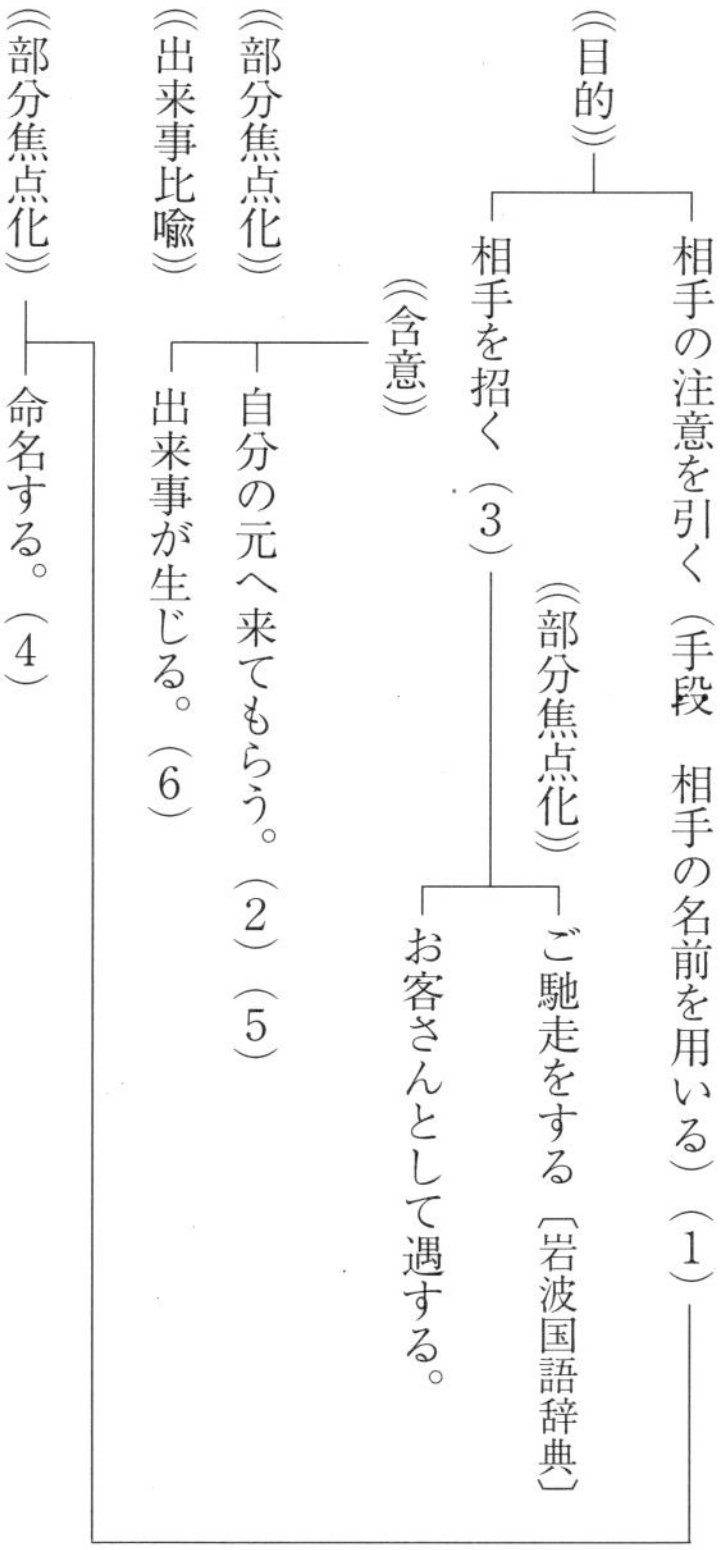

「呼ぶ」の多義体系図

現象もある。

用例（3）のお客を招待する場合の〈ご馳走をする〉という文化的含意は部分焦点化がさらに強化されて、受動態で「よばれる」で用いられ、〈ご馳走を頂く（食べる）〉という意味が生じている。『岩波国語辞典』の③「ご馳走する。『バナナを一本よばれた』」はこの点を捉えたものである。この用法は東京付近ではあまり耳にしないが、筆者の郷里山口県では日常用語である。お客として招かれて行ったものが食事にかかる前に「それじゃあ遠慮なしによばれます」と挨拶することがある。

【よむ（読む）】

「読む」という他動詞は古くは〈かずを数える〉という意味であったことは知られているが、その意味と現行の〈読む〉とがどのように繋がっているのかをもっとも説得的に示しているのが『岩波古語辞典』である。そこには次のような語義発達の筋道が示されている。

①一定の時間的間隔をもって起る現象を一つ一つ数えあげて行く。
②一つ一つの音節を数えながら和歌をつくりだす。
③（書かれた文字を）一字ずつ声立てて唱えてゆく。唱えて相手に聞かせる。
④漢字を国語で訓ずる。訓読する。
⑤数える。勘定する。

②の意味は「和歌を詠む」というかたちで現代に受け継がれており、②や③に現代の〈読む〉つまり文字を音声化すると同時に意味を汲み取るという意味の萌芽を見て取ることができる。現

代の「読む」の多義はこの意味を中心におくことによってもっともよく体系化できるように思われる。多義の状況を『明鏡国語辞典』の用例のかたちで示す。最後の（9）は別項「よむ【詠む】」から取ったものである。

読む

（1）大声で教科書を読む。
（2）門前の小僧習わぬ経を読む。
（3）小説を読む。
（4）この字は何と読むのだろう。
（5）相手の心を読む。
（6）株価の動きを読む。
（7）票を読む。
（8）十手先まで読む。
（9）和歌を読［詠］む。

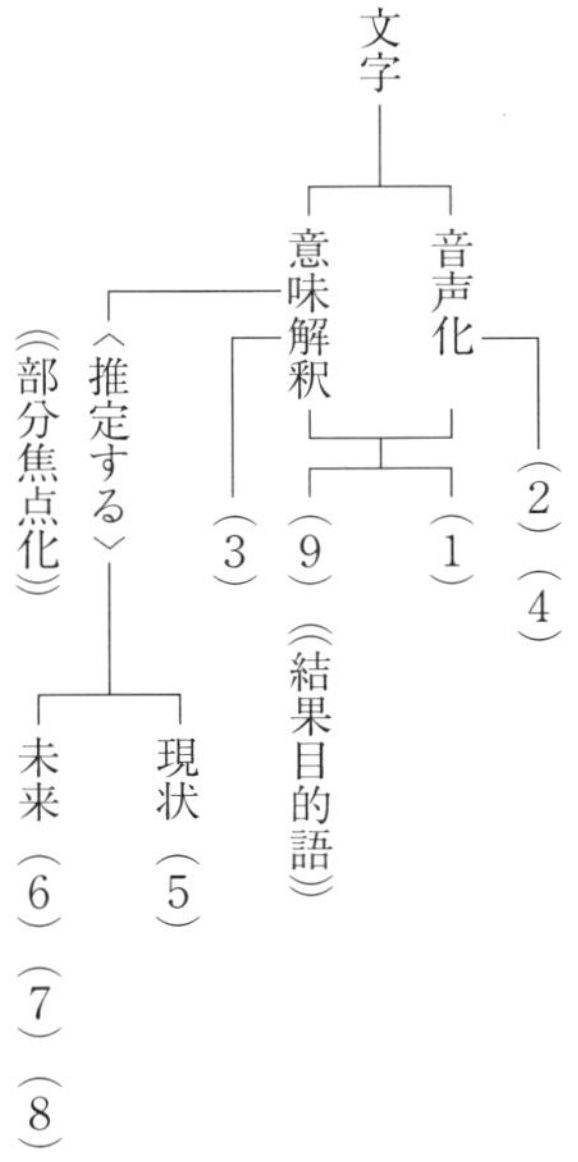

「読む」の多義体系図

中心の音声化と意味解釈を同時におこなう作業は、状況に応じて音声と解釈のあいだの重点の配分がさまざまに変わりうるものと考える。音声化に注意しすぎると意味解釈がおろそかになる。意味解釈がほとんどできなくても音声化は可能であることもありうる。音声化が抑圧され、意味解釈だけになったものが「黙読」である。（2）の場合は、音声化プラス何がしかの意味解釈が伴うものと考えられる。

言語表現の意味解釈という作業は、言語表現そのものの意味（文字通りの意味）と発話に関連した場面の情報（世界知識を含む）に基づく複雑な推定作業であるが、その作業の中の推定の部分だけに部分焦点化を加えたのが非言語的な意味推定作業（用例5、6、7、8）である。（7）の「票を読む」は古義の〈数を数える〉に繋がる用法ではなく、現行の意味のうちの〈未来の推定〉の例であると考えられる。選挙の際に得票数がどのくらいになるかという〈推定〉をする作業だからである。

このように「読む」が推定に関する用法を多彩に発達させていることは、言語の意味解釈の本質が推定に頼ることであることを示しているものと言えよう。つまり聞き手がすでに習得している語の意味と文法規則を機械的に適用することだけではないということである。推定に頼っているのであるから、さまざまの誤解の余地もあることになる。

「読み」が推定であるために、その深度もさまざまであり得る。「読みが浅い」とか「読みが深い」とかいうことになる。読む人の予備知識が豊かである場合は、書いた本人以上に深い読みをすることがある。

多少誇張になるのをいとわずに言うならば、言語表現は意味伝達のためのほんの「手掛かり」に過ぎないのである。

注

（1）この色彩の問題について詳しくは国広哲弥「アカミソは〈赤い〉か?―語彙体系について」を参照。
（2）アスペクト多義について詳しくは国広哲弥「アスペクト認知と語義」を参照。
（3）『角川必携国語辞典』だけは例外的に「覗く」の自他を区別していない。しかし、この辞典では、すべての動詞についても自他の区別がなされていないので、本当に区別がなされていないのかどうかはっきりしない。自他の区別をしないということは一つの見識であるが、この辞典では、私の見落としでなければ、そのことはどこにも明記されていない。本文中に「自動詞・他動詞」の項目があり、そこでは自他の区別が説明されているのであるから、いっそうその区別を記述しないことについて、説明がなければならない。
（4）ここで「当為」「現実」という哲学用語を流用しているが、この一対の概念はほかの場合にも適用することができる。「正しい」と「正確な」という形容詞がそれである。両語ともある基準に基づいて下される判定であるが、「正しい」の基準が当為であるのに対して、「正確な」の基準は現実であるということができる。「正しい」は人為的に決められた規範に合致する場合を言い、「正確な」は現実の状態に合致している場合を言う。国広哲弥『理想の国語辞典』（二二一～二二五ページ）参照。
（5）〈外縁に近い所〉というと、外縁の外側か内側かということが問題になり得る。「はずれる」の基本義からすると、外縁の外側ということになるが、実際にはすぐ内側を指すようにも使えよう。東京という都会の南の外縁は多摩川で明瞭に区切られているが、「東京の町はずれ」というと、川の内側の蒲田あたりを指すことになるであろう。その時は「東京の中心をはずれた所」という意味だという見方もありうるだろう。
（6）「くじがはずれた」というが、「くじ」も「予想」の類の語である。自分の持っているくじの番号が当選番号であると予想・期待して買っているからである。

（7）ヘボンの『改正増補 和英英和語林集成 第三版』（一八八六）の英和篇の'pay'を見ると'Harau'（払う）と書かれている。ところがそこにある用例'pay attention'に対しては'nen wo ireru, ki wo tsukeru'（念を入れる、気を付ける）とのみある。『日本国語大辞典』の「注意」の項に見える「注意を払う」の最初の用例は、佐藤春夫「都会の憂鬱」（一九二三）からの「人々は妙に犬に注意を払うやうであった」である。

（8）「敬意・注意を払う」を「犠牲・苦心を払う」と明示的に区別している辞典としては、次のものがある。

新選国語辞典、大辞林（「敬意」のグループに「苦心を払う」が混入している）、大辞泉。

次の辞典では、「犠牲・苦心を払う」の用法を記載していないので、明示的ではないが、少なくとも二つのグループの用例を混同していない。

例解新国語辞典、角川国語中辞典、新潮現代国語辞典（payに由来することを記述している）、角川必携国語辞典。

（9）この言い方は筆者は確認していないので、ここでは考慮から外す。一般には「開票が始まる」などと言うのではないか。この用法は『大辞林』には載せられていない。

（10）この用法の実態がよく分からないので、いまは省略する。なお柔道では「体（たい）をひらく」という言い方をする。上体を九〇度右あるいは左に回転させることを言う。

（11）「ほる」の多義分析については、その概略を国広哲弥「文脈的多義と認知的多義」で示し、国広哲弥『理想の国語辞典』で辞書形式にして示している。

（12）「スキーマ」（schema）はラネカー（Langacker）の唱える認知言語学で用いられる概念の一つである。一群の類似する事物があり、その中に共通して認められる形の動き・性質などがあるとき、それをスキーマと呼ぶ。スキーマはある程度の抽象化を受けたもので、一般に「概念」と呼ばれる心的内容もこの一種である。従来「音素」と呼ばれてきたものは音声的スキーマである。

(13)『三省堂国語辞典』に「風を巻いて飛び立つヘリ」という用例が挙げてあるが、これはここの〈回転〉義に属する用法である。ただし「風」は結果名詞であり、実際は、回転翼の力で空気が「巻く」(回転する)動きを生じ、その結果を「風」と呼んでいるのである。ちなみに普通に用いられる「風」という名詞も物理的には結果的現象を指すが、認知的仮構としては地上のどこかに最初から存在する「物」として捉えられている。したがって「風が出てきた」、「風が立つ」、「風が落ちる」などと言う。

(14)「まわる」の概略的分析は最初国広哲弥「文脈的多義と認知的多義」に示した。

(15)アスペクト認知について詳しくは国広哲弥「アスペクト認知と語義」を参照。

(16)語義の中に潜むアスペクト的要素について、詳しくは国広哲弥「アスペクト認知と語義」を参照。「外回り」の〈家・屋敷の周辺の空間〉は痕跡表現的で完了的、〈会社の業務で外で顧客を廻って歩くこと〉は未完了的な意味と見ることができる。

(17)混交表現については、国広哲弥『日本語誤用・慣用小辞典』を参照。

(18)早津恵美子「有対他動詞と無対他動詞の違いについて―意味的な特徴を中心に―」はこれを「有対他動詞」とその自動詞形というふうに捉えている。

(19)この現象は影山太郎『日英対照 語彙の構造』で論じられた〝編入〟の一種と考えることができる。

参考文献

浅野鶴子編（一九七八）『擬音語・擬態語辞典』、角川書店。

NTTコミュニケーション科学研究所監修（一九九七）『日本語語彙体系1意味体系』、岩波書店。

大野晋・浜西正人（一九八一）『角川類語新辞典』、角川書店。

岡田英俊（一九八七）「日本語の自動詞・他動詞の音韻分析」、『東京大学言語学論集'87』、東京大学文学部言語学研究室。

小内　一（一九九七）『究極版　逆引き頭引き日本語辞典―名詞と動詞で引く17万文例』、講談社＋α文庫、講談社。

影山太郎（一九八〇）『日英対照　語彙の構造』、松柏社。

影山太郎（一九九六）『動詞意味論―言語と認知の接点―』、くろしお出版。

影山太郎編（二〇〇一）『日英対照　動詞の意味と構文』、大修館書店。

カッケンブッシュ寛子・尾崎明人・鹿島央・藤原雅憲・籾山洋介編（一九九二）『日本語研究と日本語教育』、名古屋大学出版会。

国広哲弥（一九六七）『構造的意味論―日英両語対照研究―』ELEC言語叢書、三省堂。

国広哲弥（一九七〇）『意味の諸相』ELEC言語叢書、三省堂。

国広哲弥（一九七四）「人間中心と状況中心」、『英語青年』二月号、研究社。

国広哲弥（一九七九）「アカミソは〈赤い〉か？―語彙体系について」、『言語』五月号、大修館書店。

国広哲弥（一九八二）『意味論の方法』、大修館書店。

国広哲弥編（一九八二）『ことばの意味3―辞書に書いてないこと―』平凡社選書、平凡社ライブラリー版、二〇〇三年。平凡社。

国広哲弥（一九八四）「概念体系分類法試論」（未発表）。

国広哲弥（一九八五）「認知と言語表現」、『言語研究』第八八号、日本言語学会。

国広哲弥（一九八六）「語義研究の問題点―多義語を中心として―」、『日本語学』九月号、明治書院。

国広哲弥（一九九一）『日本語誤用・慣用小辞典』、講談社現代新書、講談社。

国広哲弥（一九九四）「認知的多義論―現象素の提唱―」、『言語研究』第一〇六号、日本言語学会。

国広哲弥（一九九六）「日本語の再帰中間態」、『言語学林 1995―1996』、三省堂。

国広哲弥（一九九七ａ）『理想の国語辞典』、大修館書店。

国広哲弥（一九九七ｂ）「文脈的多義と認知的多義」、佐藤泰正編『「こころ」から「ことば」へ「ことば」から「こころ」へ』、梅光女学院大学公開講座論集　第四〇集、笠間選書一七五、笠間書院。

国広哲弥（一九九八）「英語多義語の認知意味論的分析」、『神奈川大学創立七十周年記念論文集』、神奈川大学。

国広哲弥（二〇〇五）「アスペクト認知と語義―日本語の様態副詞と結果副詞を中心として―」、武内道子編『副詞的表現をめぐって』、ひつじ書房。

小泉　保ほか編（一九八九）『日本語基本動詞用法辞典』、大修館書店。

柴田武・国広哲弥・長嶋善郎・山田進著（一九七六）『ことばの意味1―辞書に書いてないこと―』平凡社選書、平凡社ライブラリー版、二〇〇三、平凡社。

柴田　武編（一九七九）『ことばの意味2―辞書に書いてないこと―』平凡社選書、平凡社ライブラリー版、二〇〇三、平凡社。

田中茂範・松本曜（一九九七）『空間と移動の表現』、研究社。

藤堂明保（一九六五）『漢字語源辞典』、学燈社。

仲本康一郎・小谷克則・伊佐原均（二〇〇三）「予測的認知と形容表現」、日本認知言語学会二〇〇三年度大会研究発表要旨。

早津恵美子（一九八九）「有対他動詞と無対他動詞の違いについて―意味的な特徴を中心に―」、『言語研究』第九五号、日本言語学会。須賀一好・早津恵美子編『動詞の自他』（日本語研究資料集）ひつじ書房に再録。

松澤和宏（二〇〇四）「ソシュールの現代性―伝統的な時間をめぐって」、『言語』二〇〇四年一二月号、大修館書店。

籾山洋介（一九九二）「多義語の分析―空間から時間へ―」、カッケンブッシュ寛子・尾崎明人・鹿島央・藤原雅憲・籾山洋介編『日本語研究と日本語教育』、名古屋大学出版会、一九九二。

森田良行（一九八九）『基礎日本語辞典』、角川書店。

Emmorey, Karen (2002) *Language, Cognition, and the Brain. Insights From Sign Language Research.* Lawrence Erlbaum.

Gibbs, Raymond W., Jr. & Matlock, Teenie (2001), 'Psycholinguistic perspective on polysemy,' in Cuyckens, Hubert & Zawada, Britta, *Polysemy in Cognitive Linguistics*. John Benjamins Publishing Company, 2001.

Taylor, John (1989), *Linguistic Categorization. Prototypes in Linguistic Theory.* Oxford.

Tylor, Andrea & Evans, Vyvyan (2003) *The Semantics of English Prepositions. Spatial Scenes, Embodied Meaning and Cognition.* Cambridge University Press. 〈邦訳〉国広哲弥監訳・木村哲也翻訳（二〇〇五）『英語前置詞の意味論』、研究社。

『岩波国語辞典 第六版』、岩波書店、二〇〇〇。

『岩波古語辞典』、岩波書店、一九七四。

『岩波新漢語辞典 第二版』、岩波書店、二〇〇〇。

『旺文社詳解国語辞典』、旺文社、一九八五。

『学研現代新国語辞典』、学習研究社、一九九四。

『学研国語大辞典第二版』、学習研究社、一九八八。

『角川国語中辞典』、角川書店、一九七三。

『角川必携国語辞典』、角川書店、一九九五。

『計算機用日本語基本動詞辞書IPAL(Basic Verbs)―辞書編―』、情報処理振興事業協会技術センター、一九九五。

『言泉』、小学館、一九八六。

『15万例文・成句現代国語用例辞典』、教育社、一九九二。

『現代国語例解辞典』、小学館、一九八五。

『広辞苑 第五版』、岩波書店、一九九八。

『三省堂国語辞典 第五版』、三省堂、二〇〇一。

『時代別国語大辞典 室町時代編』、三省堂、一九八五。

『字通』、平凡社、一九九六。

『小学館ブックシェルフ・ベイシック』、小学館、一九九八。

『新漢和辞典 改訂版』、大修館書店、一九八三。

『新選国語辞典 第七版』、小学館、一九九四。

『新潮現代国語辞典 第二版』、新潮社、二〇〇〇。

『新潮国語辞典 第二版』、新潮社、一九九五。

『新明解国語辞典 第五版』、三省堂、一九九七。

『大辞泉』、小学館、一九九五。

『大辞林　第二版』、三省堂、一九九五。

『日本国語大辞典』、小学館、一九七二-七六。

『明鏡国語辞典』、大修館書店、二〇〇二。

『例解新国語辞典　第六版』、三省堂、二〇〇二。

The New Oxford Dictionary of English, Clarendon Press, 1998.（略称 NODE）

（注）右の辞書リストは本文執筆時に使用したものである。その後新しい版が出たものが多いが、それは記さなかった。

初出一覧

あおぐ、あらう、くれる、はずれる、しめる・とじる
……神奈川大学『人文学研究所報 32』一九九三・三

くずす・くだく、こぐ、こる、ころがる、とく
……神奈川大学人文学会『人文研究　第一三八集』一九九九・一二

とぐ、とまる、なおす……神奈川大学言語研究センター『神奈川大学言語研究 22』一九九九・三

ながれる・ながす、ならう、ぬう、ぬく……神奈川大学『人文学研究所報 33』二〇〇〇・三

ねる、のこる、のぞく……神奈川大学言語研究センター『神奈川大学言語研究 23』二〇〇一・三

のぞむ、のびる……神奈川大学言語研究センター『神奈川大学言語研究 24』二〇〇二・三

はかる、はらう、はる……神奈川大学言語研究センター『神奈川大学言語研究 25』二〇〇三・三

ひかえる、ひねる、ひらく、ふく、ふむ、ふれる
……神奈川大学言語研究センター『神奈川大学言語研究 26』二〇〇四・三

ほる、まく、まつ、まわる、もつ
……神奈川大学言語研究センター『神奈川大学言語研究 27』二〇〇五・三

もどる・もどす、もむ、もる、やく、やける、やすむ、やぶる、よぶ、よむ
……影山太郎編『レキシコンフォーラム　No.1』ひつじ書房、二〇〇五・四

あとがき

八年あまり前に出した『理想の国語辞典』（大修館書店）の中でも多義という現象をかなり詳しく論じたが、何しろ多義語のかずはおびただしいので、そこでは具体的な分析を十分に出すことはできなかった。そこで改めて日常語の多義分析に取り掛かることにしたのであるが、まず中心的な品詞である動詞から手を付けた結果が本書である。それもけっして十分なものではなく、多くの洩れがあることは承知している。特に終わりの方の「湧く・渡る・割る」は分量の関係もあって今回は割愛せざるを得なかった。他の品詞、名詞・形容詞を取り上げれば、また違った多義の様相が姿を現わすことが予想されるが、それは今後の問題である。

原論文の執筆に当たっては自らに強制力を課すべく、当時在籍していた神奈川大学外国語学部の紀要類に連載の形を取った。今回一本にまとめるに当たって快く再掲許可を与えられた「神奈川大学言語研究センター」、「神奈川大学人文研究所」、「神奈川大学人文学会」、「ひつじ書房」に感謝申し上げる。

本書の刊行を大修館書店が引き受けて下さってからずいぶん長い年月がたち、担当者も三人変わった。最後の段階で細かい面倒を見て下さったのは、黒崎昌行さんである。超のろまの筆者の仕事を辛抱強く待って下さった関係者の皆さんに深謝する次第である。

二〇〇六年二月

国広　哲弥

ま行

や行

ら行

アルファベット

た行

な行

は行

さ行

[事 項]

索　引

[語　句]

あ行

か行

さ行

た行

な行

は行

[著者略歴]
国広　哲弥（くにひろ　てつや）
1929年　山口県宇部市に生まれる
1954年　東京大学文学部言語学科卒業
現　在　東京大学名誉教授　神奈川大学名誉教授　文学博士
著　書　『意味の諸相』（1970年，三省堂），共著『ことばの意味――辞書に書いてないこと』全３巻（1976年-1982年，平凡社），『意味論の方法』（1982年，大修館書店），『理想の国語辞典』（1997年，大修館書店）
編　著　『日英語比較講座』全５巻（大修館書店）

日本語《にほんご》の多義動詞《たぎどうし》――理想《りそう》の国語辞典《こくごじてん》II《2》

NDC810 VI,326p 20cm

初版第１刷――2006年４月20日

著者――国広哲弥《くにひろてつや》
発行者――鈴木一行
発行所――株式会社大修館書店
〒101-8466　東京都千代田区神田錦町3-24
電話03-3295-6231（販売部）03-3294-2352（編集部）
振替00190-7-40504
[出版情報] http://www.taishukan.co.jp

装丁者――山崎　登
印刷所――広研印刷
製本所――三水舎

ISBN4-469-22178-3　　Printed in Japan

理想の国語辞典
国広哲弥 著
四六判・三二二頁
本体二、五〇〇円

日本語の論理
—言葉に現れる思想—
山口明穂 著
四六判・二九六頁
本体二、〇〇〇円

日本の敬語論
—ポライトネス理論からの再検討—
滝浦真人 著
四六判・三三〇頁
本体二、〇〇〇円

日本人らしさの構造
—言語文化論講義—
芳賀 綏 著
四六判・三二二頁
本体二、〇〇〇円

敬語表現
蒲谷 宏、川口義一、
坂本 惠 著
四六判・二五〇頁
本体二、二〇〇円

「する」と「なる」の言語学
—言語と文化のタイポロジーへの試論—
池上嘉彦 著
四六判・三一六頁
本体二、〇〇〇円